Antan Min

Kiria Deva und Elyah

Der Lebensschlüssel

Kristallwissen aus Atlantis

Haftung

Die Informationen dieses Buches sind nach bestem Wissen und Gewissen dargestellt. Sie ersetzen nicht die Betreuung durch einen Arzt, Heilpraktiker oder Psychotherapeuten, wenn Verdacht auf eine **ernsthafte** Gesundheitsstörung besteht. Weder Autor noch Verlag übernehmen eine Haftung für Schäden irgendwelcher Art, die direkt oder indirekt aus der Anwendung des Inhalts dieses Buches entstehen könnten.

Bitte fordern Sie unser kostenloses Verlagsverzeichnis an:

Smaragd Verlag
In der Steubach 1
57614 Woldert (Ww.)
Tel.: 02684.978808
Fax: 02684.978805
E-Mail: info@smaragd-verlag.de
www.smaragd-verlag.de

Oder besuchen Sie uns im Internet unter der obigen Adresse.

Deutsche Erstausgabe Januar 2006
Illustrationen: preData
Umschlaggestaltung: XPresentation
Satz: Heuchemer, Smaragd Verlag
Printed in Czech Republic
ISBN 3-93848905-7

Antan Minatti

Kiria Deva und Elyah

Der Lebensschlüssel

Kristallwissen aus Atlantis

Smaragd Verlag

Über den Autor

Antan Minatti leitet das Seminarzentrum *Lichtgarten* in Innsbruck und widmet sich vor allem der Wiedererweckung des Heilen Einen Seins von Atlantis.

Nach dem Ruf der Geistigen Welt, sich den Mitmenschen zuzuwenden, arbeitet er nun in Seminaren, Einzelsitzungen und Erdheilungsreisen an der Verwirklichung des Kosmischen Menschen und dem Aufstieg von Mutter Erde in die Fünfte Dimension.

Widmung und Einleitung

Dieses Buch ist all meinen Begleitern gewidmet, die mich auf dem Weg in die Einheit unterstützen, herausfordern oder eben begleiten. Sei es, dass wir uns nur einen kurzen Augenblick begegnen, wir uns über das Buch „kennen lernen“, oder gemeinsam an einem Projekt arbeiten. Sei es, dass wir Erfahrungen in Reisen, Seminaren oder Einzelsitzungen miteinander teilen, ich Ihnen als Lehrer, Schüler oder Freund begegne, sie einen Teil meines Lebens mit mir gehen, oder dass wir auch „nur“ gemeinsam an der Vision der aufgestiegenen Erde und all ihrer Bewohner in der Fünften Dimension arbeiten. Möge es alle erreichen, die dadurch mehr Freude und Leichtigkeit in unser gemeinsames Projekt fließen lassen können, und auch diejenigen, die durch die Impulse einen Blick, eine Ahnung oder eine Erfahrung ihres Einen Heilen Seins, ihrer Verbundenheit und ihrer Einheit erfahren können.

Inhalt

Die Kristallschädel und das gläserne Meer

Wir sind Elyah, und wir sind ein Teil des Bewusstseins von Atlantis, weil wir Atlantis über den Fokus von Kiria Deva assimiliert haben. Erkenne und begreife, dass die Kristallschädel in Verbindung mit dem gläsernen Meer sind. Sie wurden erschaffen in einer Zeit, als das gläserne Meer noch flüssig war. Es war leicht, Kristall zu formen, deshalb war es auch leicht, die Form der Schädel herzustellen. Der Schädel repräsentiert alle Kristallebenen, er repräsentiert die Möglichkeit der Kommunikation mit den Sternenebenen, er versinnbildlicht den Kosmischen Menschen, der wieder gläsern ist im Sinne von flüssigem Bewusstsein, Verbundenheit mit den Sternen, Empfangen und Senden von Informationen zu den Sternen und von den Sternen –, und das in der Verbindung mit der Materie.

Das gläserne Sein ist das Symbol für den Kosmos, der Schädel das Symbol für die Materie; Kosmos und Materie vereinen sich in diesem Bild. Wenn du über einen Kristallschädel streichst, spürst du eine Schwingung, einen Ton. Über diesen Ton kannst du in den Schädel eintauchen und darin lesen. Nicht nur das Bewusstsein der einhundertvierundvierzig Kristallschichten ist darin enthalten, sondern es besteht darüber hinaus eine Verbindung zu einem Zwölferschritt im Besonderen, und somit zu einem Transponder. Deshalb hieß einst die Prophezeiung, dass sich alle zwölf Kristallschädel wieder vereinen würden und sich dadurch ein Schwingungsfeld aufbaut, das dem Bewusstsein der lichten Ebene von Atlantis entspricht. Wenn wir von der lichten Ebene von Atlantis sprechen, meinen wir immer die Einheit der kosmischen Rassen in der Verbindung mit den Völkern, die zur damaligen Zeit auf der Erde waren. Die Schwingung des lichten Atlantis ist ein Bewusstsein der Einheit. Dieses wird erzeugt, wenn diese zwölf Kristallschädel im Kreis stehen und miteinander kommunizieren.

Diese zwölf Schädel sind eine Prophezeiung aus der damaligen Zeit, die über den Untergang von Atlantis in die heutige Zeit mitgegeben wurden, damit dieses Bewusstsein und die Erinnerung daran nicht verloren gehen. Jeder Kristallschädel hat eine Kodierung in sich, und durch die Aktivierung dieses Kodes, durch die Aktivierung des Schädels, kann dieses ursprüngliche Bewusstsein neu entstehen. Das heißt, dass diese Speicher aktiviert werden müssen, wenn sie gefunden werden, um ihr innewohnendes Potenzial voll zur Geltung zu bringen. Dieses ist nur möglich, wenn ein reines Herz ist, ein Herz, das im Einklang zwischen Kosmos und Materie in sich ist, zwischen Dynamik und Rezeptivität in sich.

Menschen, die sich von diesen Schädeln angezogen fühlen und ihnen auch begegnen, tragen jedoch auch meist ein tiefes Wissen in sich, das ihnen Impulse gibt, was zu tun ist, um diese zu aktivieren.

Diese Kristallschädel, und man wählte bewusst die Form eines Schädels, denn das war ein untypischer Ausdruck in atlantischen Zeiten, wurden bewusst so geformt, weil mediale Seher von Atlantis die Entwicklung Gaias und der Menschen vorausgesehen haben.

Viele von uns erinnern sich tief in ihrem Innersten daran. Als in Atlantis diese Schädel entstanden, waren viele daran beteiligt, es war wie ein Freudenfest. Von diesem Ereignis wissen viele, und deswegen sind die Sehnsucht, das Interesse und der Wunsch, diese zu finden, so weit verbreitet. Denn sie wissen in ihrem Inneren, dass sich dadurch die Prophezeiung erfüllt in dem Sinne, dass das Bewusstsein von Atlantis, das Bewusstsein der Einheit, wieder auf der Erde Raum nimmt. Das ist auch der Grund, weshalb diese Schädel in der heutigen Zeitqualität von verschiedenen Menschen an verschiedenen Orten wieder gefunden werden.

Es geht immer wieder darum, Brücken zu bauen, zwischen dem Wissen und der Entwicklung, die hier auf der Erde waren und in der Materie gespeichert sind, und dem Bewusstsein der Menschen, und genauso zwischen diesem und unseren Sternengeschwistern in deren Sternenheimaten.

Deshalb ist auch die Geschichte dieser Erde immer wieder von Bedeutung. Dazu zählen die unterschiedlichsten Völker, die sozusagen Nachfahren von Atlantis gewesen sind und in der Verbindung mit Sternenvölkern das alte Wissen über Jahrtausende hindurch bewahrt haben. Sie haben es immer wieder genutzt, um daraus das, was du Hochkulturen nennst, zu erschaffen. Die Hochkulturen dieser Erde waren so etwas, erlaube den Begriff, wie Stützpunkte dieser Menschheit, und viele dieser Hochkulturen hatten die Aufgabe, Zeichen zu setzen, einen „Stempel“ zu hinterlassen. Sie zogen sich dann wieder zurück, damit der Mensch zu gegebener Zeit, wenn die Entwicklung des Bewusstseins in der Reife ist, dieses wiederentdeckt und diesen Spuren folgt. Erkennt, diesen Ansatz vertritt auch Erich von Däniken in seinen Vorträgen und Büchern. Er spricht davon, dass Wesenheiten von den Sternen kamen, um Zeichen zu setzen, die zu gegebener Zeit von den Menschen entdeckt und sie dadurch beginnen würden, Fragen zu stellen, um sich dadurch letztendlich wieder zu erinnern und zu erkennen.

So ist es auch die Aufgabe der Kristallschädel, genau diese Fragen zu stellen, damit der Mensch dabei oder dadurch angeregt ist, sich selbst zu erkennen.

Und deshalb ist es auch so, dass die Kristallschädel die Formen von menschlichen Köpfen haben, damit derjenige, der den Kristallschädel betrachtet, sich darin erkennt.

Bitte erlaube dir wahrzunehmen, dass wir davon sprachen, dass auch der Begriff „der gläserne Mensch“ ein Sinnbild für Durchlässigkeit und Transparenz ist, und er steht auch für das Bewusstsein, das der Mensch als kosmisches Wesen hat. Und so, erlaube, ist auch der Kristallschädel ein Ausdruck für Durchlässigkeit, für Transparenz und Vernetzung, und gleichzeitig auch für Austausch und Verbundenheit.

Elyah beschreibt ein Bild, wie diese Zeremonie damals stattgefunden hat:

Der Ort war wie das Innerste eines Tempels oder Heiligtums. In der Mitte ist der eine Transponder (der als der dreizehnte Transponder nun wieder entsteht), und rundherum stehen diese Schädel, die in Kommunikation untereinander und in Verbindung mit dem Transponder oder Obelisken des Tempels sind. Um diesen runden Raum ist die Illusion der Matrix errichtet, und diese Schädel wurden dann aus diesem Bewusstsein der Einheit, welches das Innere dieses Tempels darstellt, von zwölf Wesenheiten hinausgetragen. Diese waren immer in Paaren, wir würden sie heute als einen Mann und eine Frau benennen, jedoch das waren sie eigentlich nicht. Sie nahmen die Schädel und gingen hinaus durch diesen Schleier oder Nebel in die Illusion der Dritten Dimension. Sie sind nach der Zerstörung von Atlantis in der uns bekannten Matrix der Dritten Dimension.

Im Innersten ist das Heile Bewusstsein, außerhalb befindet sich dort das Getrennte Sein. Diese Wesen sind an und für sich androgyn, dennoch stellen sie sich in der Matrix als Mann und Frau dar. Sie waren Abgesandte der einzelnen Häuser und wurden aus der Priesterschaft der jeweiligen Orden ausgewählt. Sie wurden speziell für diesen Auftrag ausgebildet, die Schädel in die Welt zu tragen. Man könnte diese Paare auch als Dualseelen bezeichnen, von der Innigkeit und der Einheit, die sie darstellen.

Dadurch wurde das Wissen von Atlantis sozusagen wie ein Same durch den Untergang getragen und in die Welt gebracht. Die Träger selbst verloren jedoch auch die Erinnerung an die Einheit, nur die Schädel, weil sie die Einheit symbolisieren und die Prophezeiung selbst sind, tragen diese Erinnerung in sich. Deswegen sind diese Seelen in ihrer Empfindung als Mann und Frau getrennt. Dieses Getrennt-Sein hat sehr viel Verwirrung bei diesen Seelen ausgelöst und in der Folge tiefen Schmerz verursacht. Aus diesen Emotionen ist dann auch die Auseinandersetzung, der Konflikt zwischen Männern und Frauen entstanden, der ja bis heute andauert und im Grunde die Ursache aller Kriege ist. Diese Aussendung der Zwölf findet man immer wieder, auch in der Bibel zum Beispiel, wo die zwölf Stammesväter ausgesandt wurden. Auch in anderen Kulturen ist die Zahl Zwölf von großer Bedeutung.

Die Zwölf findet sich in der patriarchalischen Struktur mit dem Sonnenkalender und den zwölf Monaten. Es ist wichtig zu erkennen, dass aus den Zwölf immer das Dreizehnte entsteht. Der Kreis der Zwölf ist nie abgeschlossen, das Ziel ist immer das Dreizehnte, – etwas Neues zu schaffen, Leben zu geben und zu gebären. Die zwölf Transponder erschaffen durch den Zyklus der Heilungsarbeit den dreizehnten Transponder, die zwölf Kristallschädel bilden das Bewusstsein der Einheit, den Kosmischen Menschen, das dreizehnte Teil.

Dadurch kommt es wieder zu einer Verschmelzung der matriarchalischen und patriarchalischen Strukturen. Die matriarchalischen Kulturen besitzen die dreizehn Monde (=Monate) im Jahr.

Der Zwölf-Monatskalender vereinigt sich mit dem Dreizehn-Mondkalender, dadurch entsteht Einheit.

Die Kristallschädel symbolisieren nichts anderes als die menschliche Form der Transponder. Dieser ist die Form von Gaia, den Menschen eingeschlossen. Die Kristallschädel sind ein Teil dieser Essenz, und hier geht es rein um den Menschen und nicht um Sternenebenen, sondern deren Auswirkungen auf ihn. Sie sind wie ein Teilaspekt des Ganzen.

Lasst uns zu dem vorherigen Bild zurückgehen, die Seelen werden sich wieder vereinigen und die Trennung wird sich auflösen. Das bedeutet, dass die Arbeit mit den zwölf Transpondern und auch die Arbeit mit den Kristallschädeln das Bewusstsein der Androgynität, das Bewusstsein der Heilung, und damit auch das Bewusstsein der Einheit mit der Seelenebene fördert.

☆☆☆☆☆

Der atlantische Schlüssel II

Im Buch *Kristallwissen – der Schlüssel von Atlantis* wurde dieses Legesystem mit den sechs Kiria Deva Sternenkristallen und dem roten Turmalin schon vorgestellt. Dennoch möchte ich zu Beginn noch einmal kurz darauf eingehen, da es den Zugang zu den folgenden Kapiteln erleichtert.

Dieses Legesystem wurde in der Zeit des Niedergangs der Hochkultur von Atlantis geschaffen, um zwischen den Orden, den Rassen der damaligen Zeit, eine Kommunikation in Einheit mit ihrem göttlichen Sein zu ermöglichen, denn die Zeitqualität brachte es mit sich, dass die Manipulation, und damit die Machtausübung über andere, immer mehr Raum nahm.

Mit der Erweiterung durch den roten Turmalin, der den Frieden zwischen den Völkern von Atlantis und Lemurien repräsentiert (und damit zwischen unserem mentalen Feld und unseren Gefühlen), bietet uns der Atlantische Schlüssel die Möglichkeit, wieder in diese harmonische und respektvolle Kommunikation einzutreten. Seine Grundausrichtung ist die Kommunikation mit der Seelenebene oder dem Hohen Selbst, wie in der Zeit von Atlantis, und darüber die Kommunikation in und mit allen Teilen unseres Seins. Diese Ebenen bringt er in einen Ausgleich, und damit in gegenseitige Annahme.

Mit diesem Atlantischen Schlüssel I, dem Grundprogramm, haben ich und viele meiner Bekannten schon oft gearbeitet und die wunderbarsten Erfolge erzielt. Diese beziehen sich sowohl auf körperliche Heilungen als auch auf die Lösung von emotionalen Thematiken in vielfältigster Art und Weise.

Einige Beispiele möchte ich in der Folge aufzählen, um Anregung zu geben, ihn auch in den verschiedensten Situationen auszuprobieren:

- Meine Lebensgefährtin war etwa im vierten Monat schwanger und bekam plötzlich Symptome der Übelkeit und alles, was man sich in diesem Zusammenhang vorstellt und überall zu hören bekommt. Ich legte sie in den Atlantischen Schlüssel, und nach wenigen Minuten waren alle diese Symptome verschwunden. Nach geraumer Zeit kehrten sie jedoch zurück, und wir starteten einen erneuten Versuch mit den Kristallen. Wieder stellte sich der gleiche Erfolg nach wenigen Minuten ein, und mir kam der Gedanke, dass dieses eine Information ist, die sie aus dem Morphogenetischen Feld zugespielt bekommt. Wir trennten dann diese Verbindung, und sie war diese Beschwerden der Übelkeit für den Rest der Schwangerschaft los.
- Bei einem lieben Bekannten löste sich nach zweimaliger Behandlung mit dem Atlantischen Schlüssel in Verbindung mit Turmalinen (auch dieses ist in dem oben genannten Buch beschrieben) eine Wucherung an der Schilddrüse auf, die zwei Wochen zuvor festgestellt worden war und ihn sehr unvorbereitet traf. Nach kurzer Zeit des Dramas ging er jedoch in die Annahme dieser Disharmonie und in das Vertrauen zum Leben.

Nach der Behandlung mit dem Atlantischen Schlüssel ging er erneut zu einer Untersuchung: Die Wucherung konnte auf dem Röntgenbild nicht mehr festgestellt werden, nur ein kleiner Lichtschimmer war an jener Stelle zu sehen. Daraufhin glaubte der Arzt, das Gerät würde nicht funktionieren, denn nach so kurzer Zeit ein so eigenartiges Bild zu erhalten, darauf war er nicht gefasst. Doch auch bei der zweiten Aufnahme durch ein anderes Gerät zeigte sich dasselbe Bild.

- Aufgrund verschiedener Umstände war ich im Laufe des letzten Jahres einmal „reif für die Insel", wie man so treffend sagt. Meine Nerven waren enorm angespannt, aber ich konnte nicht so einfach in einen Flieger steigen und mich für einen Monat der Sonne, dem Meer und all den feinen Dingen auf einer Insel widmen. Mich jedoch täglich für eine halbe Stunde in den Atlantischen Schlüssel legen, das war kein Thema, und das befreite mich genauso von den Themen der Überanstrengung und des „Burn out", wie man das heute nennt. Dieses „Vergnügen" gönnte ich mir ungefähr drei Wochen, und auch wenn es keinen Urlaub ersetzt, so erleichterte es mir doch ungemein, meinen Alltag wieder in Leichtigkeit und Freude zu meistern.

Diese Beispiele ließen sich noch lange fortsetzen, wobei ich einfach Anregungen zum „Spielen" und Ausprobieren geben möchte. Die Ergebnisse können auch viel subtiler sein und sich nicht so offensichtlich, rasch und klar darstellen. Auch kann es sein, dass sich eine Veränderung erst einstellt, wenn man gar nicht mehr daran glaubt oder den Zusammenhang mit der Behandlung durch den Atlantischen Schlüssel nicht mehr erkennt.

Die Positionierung der Kristalle ist bei dem folgenden Legesystem die gleiche, sie wird weiter unten noch genau dargestellt, auch wenn diese eine andere Ausrichtung und andere Programmierungen der Einzelkristalle aufweist.

☆☆☆

Der Lebensschlüssel

Bis jetzt gab es nur den Atlantischen Schlüssel I.

Beim Seminar von Michael Grauer Brecht über die Sternenrasse der Septiden im Frühjahr 2003 programmierte Elyah in Verbindung mit Kiria Deva und Janet (McClure) den Atlantischen Lebensschlüssel in die gleichen Kristalle. Der Schlüssel hat nach wie vor die gleiche Programmierung wie bisher, allerdings kam eine zweite Ebene, eine zweite Bedeutung, dazu. Das ist wie ein anderes Programm, das auf der gleichen Festplatte läuft. Die Aufbauform bleibt identisch, so wie der Schlüssel bisher gelegt wurde. Es gibt einfach eine neue Information in den Kristallen, die man auch gesondert abrufen kann.

Der Atlantische Schlüssel ist ein holistisches Instrument. Das heißt: Es kommt mir so vor wie ein Lebewesen, das sich ständig verändert, wie ein Chamäleon, das, je nach Bedarfsfall, seine Struktur und seine Farbe verändert und sich den Umständen anpasst. Und das ganz individuell, denn der Schlüssel stellt sich von selbst auf den jeweiligen Benutzer ein. Elyah sagt, dass wir noch gar nicht ermessen können, wie persönlich und umfassend der Atlantische Schlüssel sei. Sie zeigt uns ein Bild, in dem wir uns jetzt noch an den Regeln festhalten und orientieren, und meint, das sei auch gut für die Bildung unserer Synapsen. Erst dann kommt die ganze holistische Sichtweise mit ins Spiel, und du spielst über den Atlantischen Schlüssel auch Holistik in die Menschen ein, ganzheitliche Vorstellungen und Herangehensweisen.

Das heißt, dass wir mit der Zeit verlernen, linear zu denken.

Durch diesen Lebensschlüssel wird auch eine Rekonfiguration unseres Gehirns ermöglicht, denn wir nutzen ja nur ein Viertel unserer Gehirnkapazität, drei Viertel sind ungenutzt.

Dann fragte Elyah uns: Was macht ihr normalerweise, wenn ihr so eine Festplatte habt? Ihr werft sie fort, oder? Jedoch kann man das mit euren Gehirnen nicht machen, also geht über den zweiten Atlantischen Schlüssel und damit über die Septidenenergie, und es wird eine Rekonfiguration eures Gehirns stattfinden, um die volle Kapazität zu erlangen.

Die Septiden sind Wesenheiten aus einer weit entfernten Ebene unserer Galaxis, die unter der Bezeichnung Quasar bekannt ist. Sie kommen über die Magellansche Wolke in unseren Teil des Universums. Ihre Hauptaufgabe ist es, kosmische Kräfte miteinander zu verbinden. Ein Septide sieht uns Menschen als Kosmos, als Wirkungsweise, als Zusammenspiel von Milliarden von Zellen, und jede einzelne Zelle ist für einen Septiden wie eine Sonne und steht in Beziehung zu anderen Sonnen. Das ist ein sehr komplexes Bild.

Ihre eigentliche Aufgabe ist nicht, zu heilen, sondern zu vernetzen und zu verbinden. Indem sie gewisse Bereiche in deinem Körper, in deiner Psyche und in deinem Geiste vernetzen, bewirken sie sozusagen als „Nebenprodukt" Heilung. Der Ansatz ist also ein anderer. Es geht darum, in Kommunikation, in Beziehung zu setzen.

Die septidische Energie wird besonders stark von Kindern bis zum zehnten Lebensjahr wahrgenommen und auch aufgenommen, weil dort die Gehirnstrukturen noch sehr in der Veränderung sind.

☆☆☆

Pilgerreise und neues Programm

Michael erklärte kurz, was mit dem Atlantischen Schlüssel, der bei der Arbeit zugegen war, geschieht:

„Ich sehe das in der Sicht, ich kann das nicht einordnen, es ist wie von Stein zu Stein, so etwas wie Blitze, die hin und her gehen, jedoch sind Blitze immer etwas Kurzes und Helles. Das ist so, als würden ganz starke Lichtspiralen hin und her geschickt, und zwischen dem 3er und dem 5er-Kristall sind diese Lichtspiralen besonders stark."

Elyah sagte, das sei eine septidische Sequenz, die eingeleitet würde. Das geschah damals in allen Atlantischen Schlüsseln, die im Umlauf waren, und so sind alle mit diesem Programm versehen worden (durch die Verbindung mit Kiria Deva).

Michael, und mit ihm Janet, begleiteten die Teilnehmer des Seminars dann auf eine „Pilgerreise", auf einen Weg in eine neue Inkarnation durch die Umgebung des Seminarzentrums LCC in den Vogesen. Bei den einzelnen Stationen wurden die einzelnen Kristalle mit der Information des Lebensschlüssels programmiert. Nun die einzelnen Schritte:

1. Programm für den 4er-Kristall des Schlüssels

Dieses ist Janet, geht in die Verbindung zu eurem Hohen Selbst und in die Verbindung mit eurem Mutterplaneten Gaia, und erinnert euch an all die Pfade, die ihr durch all die Zeiten gegangen seid. Und diese Erfahrungen sind im Moment sehr wichtig, auch wenn sie oft voller Schmerzen und leidvoller Eindrücke waren.

Der erste Schritt im Weg zum Licht ist, und habt keine Angst, wenn ich das zu euch sage, Ungehorsam, und die Energie des Ungehorsams geht jetzt direkt zum vierten Kristall des Atlantischen Schlüssels.

Bitte, ich möchte es euch erklären: Die Zeit der Meister ist nun vorüber. Ich meine jetzt nicht die der Aufgestiegenen Meister, ich meine die Meister, die ihr selbst gemacht habt, ich meine die Lehrer, die Gurus. Ein Lehrer muss ein Freund sein, nicht ein Regler, der dir sagt, was erlaubt ist zu tun, und was nicht. Und der erste Schritt zur Erleuchtung ist Ungehorsam. Gehorcht nicht irgendwelchen Werten, gehorcht nicht irgendwelchen Urteilen, gehorcht nicht irgendwelchen Gesetzen, gehorcht nicht irgendwelchen Versuchen der Erziehung oder Schulung.

Das Einzige, an das ihr euch halten solltet, ist Sein. Alle Probleme, die ihr zu haben glaubt, lösen sich dann, denn sie sind dadurch geschaffen, dass ihr den Werten anderer folgt. Hört damit auf. Ihr müsst euch nicht für die Werte der anderen interessieren. Gehorcht nicht mehr, geht euren eigenen Weg. Und dieser Weg, den diese Inkarnation meint, ist der Weg des Herzens. Was du zu geben hast, ist Freiheit und nicht Gehorsam. Gebt euren Kindern die Freiheit. Gebt euren Partnern in euren Beziehungen Freiheit. Macht eure Familien wieder frei. Die einzige Regel, die ihr einhalten solltet, wenn ihr den ersten Schritt des Lebens geht, ist die der Liebe und der Vergebung. Und diese Energie von Liebe und Vergebung ist nun im Kristall Nummer vier.

2. Programm für den 6er-Kristall des Schlüssels

Nach einer kurzen Wanderung:

Und dieses ist wieder Janet, die zu euch spricht, an diesem wunderschönen Aussichtspunkt. Bitte erkennt, direkt unterhalb eurer Füße ist ein sehr starker Kraftplatz von Gaia, es war ein Initiationsplatz in der Zeit der Megalithkultur. Dieser Ort ist mit einem Punkt verbunden, den ihr Grand Vallant nennt, und mit einer Kirche, die ihr Notre Dame in Paris nennt, und er ist auch verbunden mit einem Punkt, den ihr den zweiten Transponder nennt (Toronto).

Seid euch bewusst, dass dieser Ort eine sehr starke Kraft hat, und wir möchten diese Energie in den zweiten Schritt dieser Inkarnation geben. Dieses ist ein Schritt der Initiation, der Leben initiiert. Er initiiert eine erfüllende Form des Lichts. Es ist die Energie von Eden, die Energie des Paradieses. Das Leben ist ein Paradies, und zu dieser Form möchte ich sagen, es ist die Energie des ICH BIN. Beim zweiten Schritt initiierst du dich selbst, du machst einen Schritt nach vorne und sagst: „ICH BIN Leben, ICH BIN Licht, ICH BIN, der ICH BIN. ICH BIN der Ausdruck meines göttlichen Punktes, der göttlichen Natur in dieser Dimension. Und ICH BIN hier, um allen dieses zu zeigen. ICH BIN hier, um anderen zu zeigen, was Liebe ist, nicht, was Liebe bedeutet.“ Du musst es nicht erklären, du musst es zeigen.

Und dieser zweite Schritt ist so unter einem Verbot.

Bitte schaut euch um in eurem Leben. Alle Dinge, die mit Liebe verbunden sind, stehen sehr stark unter dem Druck von Urteilen und Wertvorstellungen. Es schneidet euch von eurer eigenen Kraft ab. Jeder von euch ist als erstes eine Wesenheit der Liebe. Wenn du deine Liebe lebst, bekommst du eine Bestrafung, das ist das Muster eures Lebens. Dieser Kristall, mit dieser Energie gefüllt, erlaubt keine Bestrafung mehr in deinem Leben, wenn du in der Liebe bist. Gebt euren Kindern wieder die Kraft der Liebe, unterbrecht den Kreis, das Rad des Unglücks.

3. Programm für den 5er-Kristall des Schlüssels

Bei der nächsten Rast auf unserem Weg stehen wir im Kreis um eine Birke:

Bitte seid euch bewusst, dass der Kreis des Lebens nicht gebrochen werden kann. Und das, was ihr jetzt hier darstellt, ist ein Ausdruck des Kreises des Lebens. Und ich bitte euch, dass ihr eure Lebensenergie teilt. Teilt sie untereinander, jeder mit seinem Nachbarn. Und das ist sehr wichtig für euch, weil ihr dadurch euer Leben verlängern könnt. Du bekommst mehr Lebensenergie, wenn du sie teilst. Du wirst sie verlieren, wenn du versuchst, sie zu halten. Du bist keine Batterie, du bist so etwas wie ein Draht, und die Lebensenergie fließt direkt durch dich. In alten Zeiten nanntet ihr diese Energie Jungfräulichkeit. Und dieser Baum, um den ihr nun steht, ist ein Symbol für die Jungfräulichkeit. Nehmt diese Energie der Jungfräulichkeit wieder auf, es ist die Energie des Erwachens, es ist die Energie der Wiederauferstehung. Bitte nehmt diese Energie in euch auf und erlaubt den Septiden, diese Energie mit euren Organen neu zu verknüpfen. Und so wird es jetzt geschehen. Und diese Schöpfung eines lebensspendenden Auftrags, dieses Programm der Lebensenergie, wird nun direkt in den Kristall gegeben.

4. Programm für den 2er-Kristall des Schlüssels

Bei der vierten Station:

Seid euch der Sonnenstrahlen bewusst, die euch an diesem Platz berühren. Erkennt, dass wir wissen, dass alles in der Dritten Dimension zu einem Ende kommt. Aber dieses Ende ist nicht der Tod. Das Ende ist der Anfang von etwas Neuem. Und das wollen wir jetzt direkt in diesem Stein erschaffen. Bitte seid euch bewusst, dass die Energie von Kreisen nun direkt in den 2er-Kristall eingespeist wird. Und diese Energie kommt direkt aus eurer Sonne. Kreise und kreise direkt zu diesem Platz, wo ihr jetzt steht. Der Ort, wo ihr jetzt steht, ist genau zwischen der Sonne und diesem See dort, und dieser entspricht der Energie des Mondes. Die Kraft des Dazwischenstehens zwischen den beiden gegensätzlichen Energien ist die Kraft der großen Christuspräsenz. Dieser Stein, den wir jetzt programmieren, ist der Kristall der Christuspräsenz. Wir erschaffen diesen Stein in der Bedeutung von „Du weißt, was du zu tun hast“, um euch in eine dynamische Kraft zurückzubringen. Und die dynamische Kraft gehorcht nicht, sie liebt, um zu erleuchten, und um eure Kreativität freizusetzen. Seid euch bewusst, alles ist gesegnet in eurem Leben.

5. Programm für den 1er-Kristall des Schlüssels

Die vorletzte Meditation und Programmierung:

Janet im Fokus der Christuspräsenz und im Fokus der solaren Sonne. Seid euch bitte bewusst, dass wir nun euer Geburtserbe wieder kreieren, als ihr auf diesen Planeten gekommen seid. Und dieses Geburtsrecht ist das Erbe der Sternenkraft. Und was wir jetzt in euch kreieren möchten, ist eine Kombination, eine Verbindung der Kraft der Dritten Dimension und der Kraft der Sterne. Denn dieses ist euer Erbe. Und die Kraft der Sterne ist eine Kraft der Erschaffung von neuen Universen und solaren Systemen, und ihr bekommt es nun in den Kristall Nummer 1. Dieser Kristall wird euch direkt mit den Sternenwegen verbinden, die ihr in vergangenen Zeitaltern gegangen seid. Und er verbindet euch direkt mit euren atlantischen Inkarnationen, in die Bruderschaften von Atlantis unter den Symbolen der Sterne. Und wir kreieren nun in diesem Stein alle Symbole der Sterne, um sie zu verbinden, damit sie euch dienen können in der Dritten Dimension, in der ihr lebt. Seid alle Zeit gesegnet, ihr Sternenwesen, seid alle Zeit gesegnet, ihr Sternengeborenen. Wir wollen euch nicht mehr Kinder von Gaia nennen, wir möchten euch Kinder des Universums nennen. Kinder aller Universen, die wir kennen, und auch von denen, die wir nicht kennen. Seid gesegnet.

6. Programm für den 3er-Kristall des Schlüssels

Am letzten Rastplatz der Pilgerreise:

Und dieses ist wieder Janet. Im dunkelsten Gebiet liegt eine weiße Perle. Es ist ein Schimmern und Glühen in jeder Dunkelheit. Und ihr steht auf Weiß (schneebedecktes Feld im Schatten eines Waldes), und dies ist ein Symbol für eure persönliche Rückkehr zu eurer Unschuld. Geht zurück in eure Unschuld, vergesst euer Leben jetzt und vergesst eure vergangenen Leben, vergesst einfach, weil ihr jetzt vergessen wollt. Ihr könnt euch wieder daran erinnern, wenn wir fertig sind, wenn ihr wollt, aber jetzt vergesst sie. Kehrt zurück zur Unschuld. Kehrt zurück zu eurer Essenz als Sternengeborene. Und diese Rückkehr zu eurer eigenen Unschuld werden wir in den letzten Stein programmieren.

Verlasst die Schlachtfelder, auf denen ihr kämpft. Verlasst das Schlachtfeld eurer Beziehungen. Verlasst die Schlachtfelder von Menschen und Völkern und bewegt euch weiter auf dem Weg des Friedens. Kein Schreien mehr, keine Bomben und kein Krieg mehr. Keine Panzer und kein Blutvergießen mehr auf Gaia. Dieser Planet wurde euch als Symbol des Friedens gegeben. Macht wieder Eden aus ihm, ein Paradies, wo die Menschen Frieden, Harmonie und Liebe miteinander teilen können, und das ist euer Erbe. Und die Energie eurer kindlichen und sternengeborenen Unschuld kommt nun direkt in euch und den 3er-Kristall des Altantischen Schlüssels. Seid gesegnet, alle Zeit.

☆☆☆

Das Legesystem bleibt gleich, die Kristalle sind an denselben Positionen und in der gleichen Ausrichtung wie beim Grundprogramm. Es ist einfach eine neue Information im Atlantischen Schlüssel, und die kann man gesondert über einen mentalen Auftrag in den Kristall Nummer sechs abrufen. (Zum Beispiel: Bitte um Aktivierung des zweiten Programms [oder des Lebensschlüssels] jetzt!). Dieser hat die Funktion der Steuerung innerhalb des Atlantischen Schlüssels.

Zur Erinnerung nochmals das Grundlegesystem:

- 1er-Kristall liegt mit der Spitze Richtung Kopf auf dem Herzchakra
- 2er-Kristall liegt mit der Spitze Richtung Kopf auf dem Basischakra
- 3er-Kristall liegt mit der Spitze Richtung Kopf auf dem Dritten Auge
- 4er-Kristall liegt mit der Spitze zu den Füßen, links neben der Schulter
- 5er-Kristall liegt mit der Spitze zu den Füßen, rechts neben der Schulter
- 6er-Kristall steht circa einen Meter unterhalb der Füße des Liegenden
- Der rote Turmalin kommt zum 1er-Kristall (Thymus) oder auf Hals- oder Solarplexuschakra.

 **= stehender Kristall**

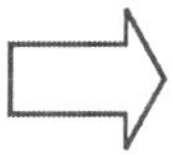 **= liegender Kristall mit Richtung**

 **= roter Turmalin**

 **= Amethyst mit jeweiliger Nummer**

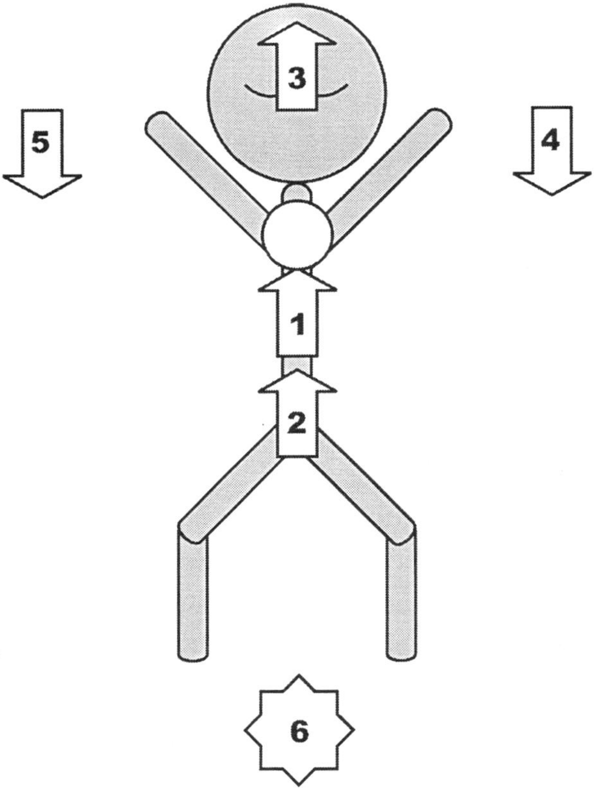
3
5
4
1
2
6

Durch die septidische Anbindung im Lebensschlüssel ist es möglich, den Menschen Vernetzungen und Verbindungen klar zu machen. Diese kommen dann selbst darauf, warum der Ischias tobt, die Beziehung mal wieder Wellen schlägt oder das und das gerade in ihrem Leben passiert. Dieses „Selbst-darauf-kommen" hat jedoch eine andere Qualität als die Sätze „das hast du dir aber gut manifestiert" oder „lobe dich für deine Kraftlenkung". Das bringt nichts, da dieses eine Qualität ist, die bei den Septiden nicht existiert. Sie erklären dem Menschen die Zusammenhänge und vernetzen dadurch in ihm Ursache und Wirkung. Diese Vernetzung macht ihm dann selbst klar: ich trage viel auf meinem Rücken, oder vielleicht auch zu wenig. Das ist etwas anderes, wenn mann oder frau selbst darauf kommt.

Der Atlantische Schlüssel II ist ein Lebensöffner. Der Mensch kommt in den Kontakt mit seiner ureigensten Lebensenergie, und diese ist für das Leben, auf Leben, und damit oft auch auf Veränderung, ausgerichtet, und nicht auf die Existenz! Denn diese gründet sich auf Angst, auf Bedürftigkeit und auf Abhängigkeiten aller Art. Viele von uns erkranken daran, dass wir nicht mehr *leben*, wir existieren nur noch. Leben ist ein Genuss, Existieren hat davon nichts mehr. Die Krux daran ist, dass unser Emotionalfeld immer sagt, wenn wir uns heftig spüren, dann leben wir. Und das ist, aus der Tradition des Fischezeitalters, immer an Leid gebunden, und wir haben ja auch ziemlich gut gelitten und uns über das Leiden definiert und machen das auch heute noch vielfach! Unsere Erfahrungen waren zu

98% nicht lichtvoll und nur zu 2% lichtvoll. Durch den Blitz von Karon wurde auf unserem Planeten erst die Möglichkeit geschaffen, Leid zu erfahren. Die Erde wurde als Heilungsplanet erschaffen (und diente auch schon lange Zeit vor der Zerstörung von Atlantis als solcher), und nicht als Stätte des Leides. Nun sind wir wieder auf dem Weg in die Einheit, und der Lebensschlüssel hilft uns, diese Leidprogramme aus unseren Systemen und aus dem Morphogenetischen Feld zu lösen, doch dazu weiter unten mehr.

Elyah erinnert uns schon seit geraumer Zeit daran und hat es bei der Transponderreise nach Südafrika nochmals bekräftigt:

Hört auf zu existieren, sondern lebt! Denn du lebst nicht, sondern du existierst, du machst dir die Welt so, wie sie dir erträglich erscheint, du bist jedoch nicht in der Kraft des Lebens. Ihr kommt euch oft vor wie Schiffbrüchige, die sich an einer Kiste festhalten, und diese ist die Existenz. Und dann kommt ein Sternenwesen wie Elyah und nimmt dir auch noch diese „Kiste“ weg. Doch was geschieht, wenn sie weg ist? Du gehst ein in das Leben und landest auf dem Grund des Lebens, und dann hast du viel mehr als nur eine Kiste. Nur musst du erst absinken ins Leben, eintauchen ins Leben. Doch davor hast du Angst, weil du dann haltlos bist. Leben ist haltlos und grenzenlos, denn es folgt keinen starren Regeln. Schaut in einen Urwald, da explodiert das Leben, und das gleiche geschieht auch mit dir.

Das Leben ist der Sinn und das Ziel, und das hast du erreicht. Die Seele inkarniert, um kosmische Freude und grenzenloses Glück in der dichtesten Form der Materie zu erfahren, dann stürzen wir uns jedoch auf die Existenz und sind in unserem eigenen Leben völlig hilflos und denken, darin zu ertrinken. Das ist die Perversion, welche die Matrix und der Transponder von Pretoria erschaffen, und deswegen gehen wir auch mit wehenden Fahnen in die Sklaverei, denn diese erschafft uns einen Sinn. Die Abhängigkeit erschafft uns einen Sinn und gibt uns Halt.

Bis jetzt stellte sich der Atlantische Schlüssel als T (griechisch Tau) dar, jedoch kommt jetzt noch eine Erweiterung dazu, die dann das Symbol des Ankh ergibt, jenes Symbol, das aus der ägyptischen Tradition als der Lebensschlüssel bekannt ist.

☆☆☆

Das Ankh

Das Ankh ist ein Segnungssymbol und stand bei den Ägyptern für ewiges Leben, Gesundheit und Harmonie und findet sich in allen Grabstädten und Tempeln in mannigfacher Ausführung. Es ist ein uratlantisches Kraftinstrument, das von den Ägyptern übernommen wurde. Die Darstellung findet sich auch so oft in ägyptischen Gräbern, weil man damals glaubte, es ginge um das ewige Leben der physischen Körper, und wenn man den Verstorbenen das Ankh mitgab, bedeutete es ewiges Leben.

Der Kreis ist ein Dimensionstor, die Waagrechte ist Zeit, und die Senkrechte stellt die Verbindung zum Raum, zur Dritten Dimension, dar. Dadurch verbinden sich die Dimensionen, und so sind auch in der Materie Begegnungen zwischen anderen Dimensionen und Welten möglich. Man kann sich aus der Linearität der Materie erheben, durch das Tor gehen und wieder zurückkommen und in Zeit und Raum eintauchen. Die Senkrechte ist sowohl die Verbindung zwischen Himmel und Erde, als auch ein Lichtkanal, der die Ebenen verbindet; durch diesen kann man sozusagen reisen. Gleichzeitig ist es jedoch auch jener Teil, der Stabilität gibt. Auch wenn du durch die Dimensionen reist, es ist wie ein Ank(h)er oder eine Linie, an der du dich festhalten kannst.

Es ist wichtig, dass die Menschheit das Bewusstsein, welches das Ankh verkörpert, wieder in sich verankert, weil alle Symbole nur dazu da sind, auf der einen Seite zu kommunizieren, um Informationen und Botschaft zusammenzufassen, und auf der anderen Seite, um sich zu erinnern. Diese Erinnerung fällt weg, sobald du dich außerhalb der Matrix befindest, denn da brauchst du dich nicht mehr zu erinnern, weil du Erinnerung bist, und so ist alles da. Für die Menschen, die sich noch in der Matrix befinden, sind Symbole jedoch wichtig, weil dadurch Erinnerung geschieht.

Dieses ist ein Bild aus dem ägyptischen Pantheon, und dieser wird uns begleiten, weil er ein Schlüssel zum Kosmos und damit zu den Sternenrassen ist. Die Götter, die im Ägyptischen verehrt werden, sind nichts anderes als Sternenwesen. Der Zugang zu ihnen kann über das Pantheon gefunden werden. Der pyramidale Aufbau ist immer gleich, im oberen Bereich treffen sich Isis und Osiris und im unteren Bereich Nephtis und Seth. Die verbindende Ebene ist Anubis. Er ist der Hüter der Schwelle, der die beiden Paare in sich vereint. Er hat auch sehr oft das Ankh in der Hand. Seth hat das verkehrte und Osiris das normale, Anubis ist derjenige, der die Kräfte vereint.

Jeder Mensch trägt das Ankh in sich (die Kraft, die Energie des Ankh), weil dieses so etwas wie der Lebensbaustein jeder Zelle ist. Die Kraft des Lebens und die Kraft der Dimensionswechsel sind in jeder Zelle enthalten, weil die DNS auch in der Zusammenarbeit mit den Sternenebenen geschaffen wurde. Du hast die Kraft der Dimensionswechsel, die Energie von Zeit und Raum in deiner Zelle. Deswegen ist sie feste Materie, und du hast das Potenzial der Stabilität in deinen Zellen.

Es ist wichtig für das Verständnis, sowohl des Uratlantischen Seins als auch für den Kontakt zu den Sternenrassen, dieses Bewusstsein oder die Energie des Ankh in sich zu begreifen. Die Menschen sind nach wie vor viel zu sehr auf das Außen fixiert. Sie bewegen sich viel zu sehr in der Fassade und begnügen sich mit ihr, und so kannst du diese Lebensenergie nicht erfassen, du kannst sie nur in dir erfassen: Indem du dich auf dich selbst einlässt. Indem du aufhörst, zu sein und dadurch bist. Das ist ein Wortspiel, und Elyah meint damit, du hörst auf, Fassade zu sein, eine Rolle zu sein, dich an äußeren Sachen zu orientieren, etwas Besonderes zu sein. Dadurch kannst du dich erst richtig erfassen, kannst die Essenz des Lebens, die keine Form hat, erfassen. Alles, was Elyah über den Atlantischen Schlüssel erzählt, über die Erweiterungen und das, was damit verbunden ist, zielt also darauf hin, dieses Bewusstsein, dieses Begreifen zu erfahren.

Stellt euch diesen Lebensschlüssel als verlängerten Stab vor und einen Priester daneben. Er hat dieses Ankh in der Hand. Dieses Teil, dieser Stab, stellt eine Verbindung zwischen Erde und Kosmos dar. Die Kugel ist der Kosmos, der Querstab die Dritte Dimension und der Stab die Verbindung zur Erde. Diese Kugel wurde immer wieder energetisiert, denn der Stab steht auf der Erde, und von dort wurde die Energie hinauf zur Kugel gebracht. Im Zentrum war das Wissen von Atlantis (der Larimar), von wo aus immer Lichtkugeln oder Energieimpulse ausgingen. Das macht der zweite Teil des Atlantischen Schlüssels ebenfalls. Diese Lichtkugeln wurden in der Endphase von Atlantis zur Zerstörung eingesetzt. Das war zu einer Zeit, wo Atlantis ideell gekippt war, und die Kraft missbräuchlich eingesetzt wurde, – nach dem Blitz von Karon. Elyah bittet uns, das Lichtpotenzial dieser lichten Kugel zu nutzen, die den Effekt hat, den Schild aufzulösen, auch den inwendigen Schild, der uns nicht zu unserem Kern vordringen lässt.

Auch weißer Labradorit und Mondstein nehmen die Septidenschwingung sehr stark auf und können sie wieder abgeben. Man kann über den Atlantischen Schlüssel II sechs weiße Labradoriten aufladen, das dauert ungefähr eine halbe Minute. Man baut den Schlüssel auf und legt die Labradoriten oberhalb des 3er Steins. Man initialisiert das Programm des Lebensschlüssels, indem man mental den Auftrag dazu in den 6er-Kristall gibt.

Wenn man dann diese Labradorite im Kreis oberhalb des Atlantischen Schlüssels legt, ergibt sich das Ankh.

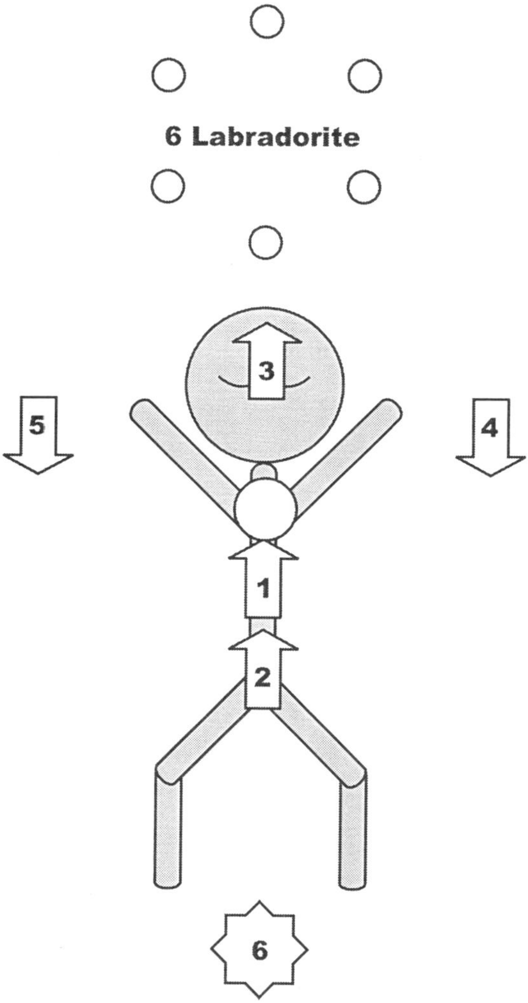
6 Labradorite
3
5
4
1
2
6

Legesysteme und Anwendungsbeispiele

Der Lebensschlüssel, nach dem Grundlegesystem aufgelegt, löst Themen im System auf, die lebensverneinend sind, und fördert die sechs Schwingungen, die in der Pilgerreise beschrieben wurden. Der Mensch bekommt nun die Möglichkeit, sich selbst zu lieben, sich anzunehmen, so wie er ist. Sei so, wie du bist, und entdecke deine Möglichkeiten, dein Potenzial, deinen Kern. Über die Septidenschwingung kommt es zu den Vernetzungen, Verbindungen und Erkenntnissen über das eigene System. Das kann, wie bei Kiria Deva Kristallen und beim Atlantischen Schlüssel I auch, auf die Entfernung mit Hilfe eines Bildes oder eines Textes geschehen. Man legt ein Foto oder schreibt den Namen des Menschen auf ein Blatt Papier und kann das Thema, worum es in diesem speziellen Fall geht, ebenfalls dazugeben. Dann legt man die Kristalle auf beziehungsweise um das Foto oder das Blatt Papier und aktiviert über den 6er-Kristall das jeweilige Programm für den betreffenden Menschen. Man sollte in Kontakt mit der betreffenden Person sein (telefonisch genügt), um sie bei dieser Arbeit begleiten zu können.

Das können wir Kindern bei der Geburt mitgeben. Janet empfiehlt, bei einer Geburt den Schlüssel dabei zu haben, nicht als Atlantischen Schlüssel im ursprünglichen Sinne, sondern als Pfeil, als Weiser ins Leben, als die sechs Essenzen des Lebensschlüssels. Man legt den Atlantischen Schlüssel in gewohnter Weise auf und aktiviert ihn mit dem zweiten Programm, um diese Schwingung im

Geburtszimmer der Mutter und dem neuen Erdenstern zur Verfügung zu stellen.

Elyah sagt:

Ihr könnt mit dem Atlantischen Schlüssel auch ein Schwingungsfeld errichten, das eine Art freie Energieschwingung herstellt. Diese Energieschwingung entgiftet und entschlackt die Materie. Das geht, indem ihr eine Intervallschwingung herstellt. Das heißt, der Atlantische Schlüssel springt ständig zwischen dem ersten und zweiten Programm hin und her. Ihr baut dadurch eine Art Magnetfeld auf, denn dafür ist er eigentlich da. Dadurch wird die zelluläre Struktur dazu gebracht, körperfremde Stoffe (die wir alle aus unserer technisierten Welt aufnehmen, Abgase usw.) zu entschlacken, zu entgiften oder auszuleiten.

Den Auftrag dazu gibst du wieder in den 6er-Kristall ein: Entgiftung im Wechsel zwischen erstem und zweitem Programm.

Dazu wird der Atlantische Schlüssel im Grunde gleich aufgelegt, man benötigt dazu jedoch mehr Platz, denn man legt oder setzt die Person oder die Gruppe zwischen den 1er und den 2er Stein.

Die Schwingungsphalanx, mit der der Schlüssel zwischen den Programmen wechselt, ist 40 zu 40: 40 Sekunden Atlantischer Schlüssel Grundprogramm und 40 Sekunden Lebensschlüssel. Ihr könnt dann sukzessive die Schwingungsfrequenz verkürzen, und zwar immer im 10er-Schritt. 30-30, 20-20 und 10-10. Damit erhöht ihr die Potenz der Entgiftung. Ihr müsst aber mit 40-40 beginnen, weil sonst der Körper die Giftstoffe zu schnell ausscheidet und es zu Vergiftungserscheinungen kommen kann. Es kann euch schlecht werden, der Körper reagiert mit Vergiftungssymptomen. Der Körper muss ausleiten, was er über die Haut, über die Nieren oder den Darm macht. Wenn sich die Giftstoffe bei der 10-10 Potenz sofort loslösen, macht ihr den Menschen Durchfall, sie müssen dauernd pinkeln, oder sie bekommen Pickel. Es geht ihnen auch nicht besonders gut, und wer schon einmal eine Entgiftung durchgemacht hat, weiß, was dabei im Körper vor sich geht.

Wenn ihr schon einmal eine Entgiftung mit 40-40 gemacht habt, könnt ihr bei der zweiten Sitzung kombinieren. Ihr fangt wieder mit 40-40 für ein paar Minuten an und geht dann auf 40-30 und dann auf 40-20 und zuletzt auf 40-10. Also immer sukzessive verkürzen. Dadurch verändern sich die Schwingungsladungen, das ist wie bei einer elektrischen Spule. Dadurch entsteht so etwas wie eine Periode, eine Schwingung, und durch die Veränderung des Verhältnisses reduzierst du die Schwingung und erhältst eine höhere Frequenz, wodurch du dann schneller ausleitest.

Diese Methode der Entgiftung hilft auch bei Allergikern, denn die meisten allergischen Reaktionen werden durch Stoffe ausgelöst, die der Körper als Gift erkennt. Man muss auch nicht speziell einen Giftstoff erwähnen, denn es werden alle ausgeleitet. Bitte auf die nötige Zufuhr von Flüssigkeit und Mineralsalzen achten, denn auch diese werden bei Entgiftungen in erhöhtem Ausmaß ausgeschieden!

Der entgiftende Effekt tritt nach ungefähr 15 Minuten ein. So lange braucht das Schwingungsfeld, um die Frequenzen deines Körpers auf Entgiftung einzustellen. Hier sollte die Behandlung eine Stunde nicht überschreiten.

Auch Fernbehandlungen sind möglich, wovon ich in diesem Fall abraten möchte, weil man hier keine Kontrolle hat und nicht weiß, wie der Körper reagiert. Gerade bei Entgiftungssachen kann es sein, dass der Klient hinterher etwas wackelig auf den Beinen ist und Betreuung benötigt.

Man kann über den Atlantischen Schlüssel in dieser Schwingungsfrequenz auch Räume und Häuser reinigen. Bei einer Hausreinigung könnte man den Schlüssel auch um das Haus auflegen, man kann ihn jedoch auch energetisch auf die Größe projizieren. Er liegt in einem zentralen Raum, und du sagst, der 1er liegt jetzt da, der 2er dort, und so weiter, und dann beginnst du mit diesem Schwingungsfeld die Reinigung. Diese Anwendung benötigt nicht viel Zeit und ist eine einfache und effektive Hilfe, wieder kombinierbar mit anderen Methoden der Reinigung.

Wenn man jetzt den Lebensschlüssel mit den sechs energetisierten Labradoriten aktiviert, errichtet man durch eine Lebenssäule eine Lichtnadel mit einer Lebenskraft, die vom Inneren der Erde gespeist wird. Und diese Lebenssäule ist eine dauerhafte Installierung des Programms des Lebensschlüssels an dem Punkt, wo dieses initiiert wurde. Dieser Vorgang dauert nur ein paar Minuten.

Man kann diese Legetechnik auch bei Menschen anwenden, jedoch ist die Hauptaufgabe, diese Energie wie eine Lichtnadel auf der Erde zu verteilen und dadurch ins Morphogenetische Feld zu setzen, so dass sich diese dort potenziert. Elyah sagt, dieses wäre eine Möglichkeit, das Morphogenetische Feld zu verändern, zu reinigen und zu klären, und diese Clearingsequenz wird dann mit dem geheilten Fokus von Atlantis verbunden. Damit wird die Ebene der Larimare im Inneren der Erde angesprochen. Diese war in der Zeit von Atlantis eine Ebene des Schutzprogramms.

Heute wird der Larimar nur in der Dominikanischen Republik gefunden. Er ist ein wunderbar blau leuchtender Stein mit weißer Marmorierung.

Dieses Schutzprogramm ist inaktiv, man kann es aber durch diese Technik wieder aktivieren. Durch den Larimar wurde die Frequenz der Pyramide gehalten. Die Hauptaufgabe hatten die Bergkristalle, dann kam der Larimar. Diese Ebene bringt das heile atlantische Sein wieder in den Fluss. Es reicht jedoch nicht aus, wenn dieses nur in der Erde fließt. Diese Schwingung muss auch ins Morphogenetische Feld gelangen. Und diese Nadeln bringen über das Ankh die Larimarschicht wieder zum Fließen und stellen dieses dem Morphogenetischen Feld zur Verfügung. So beregnest du quasi den Zwischenraum, in dem wir leben, mit dieser larimaren Schwingung. Und deswegen ist es sinnvoll, möglichst oft diese Lichtnadeln zu setzen.

Man kann jedoch nicht an jedem Ort, wo man solch eine Lichtnadel errichten möchte, den Atlantischen Schlüssel auflegen. Dann macht ihr Folgendes:

Ihr besorgt euch einen Larimar. Ihr baut den Schlüssel im Lebensprogramm zu Hause auf und legt den Larimar in die Mitte des Kreises aus Labradoriten, in die Mitte der Nadel. Der Larimar lädt jetzt das Programm der Lichtsäule in sich auf, und diesen Larimar steckt ihr dann in die Erde. Und du hast dann dort dauerhaft eine Lichtsäule, solange der Stein sich an dieser Stelle befindet.

Durch diese Lichtnadeln baut sich ein Netzwerk auf, ein „Larimares" Netzwerk. Dieses befindet sich an der Oberfläche und verbindet sich mit der unteren Schicht, und erzeugt quasi ein Spannungsfeld zwischen der larimaren Ebene und dem Morphogenetischen Feld. Das Morphogenetische Feld besteht aus verschiedenen Schichten, die über uns gespannt sind, in ihnen sind alle Erfahrungen der Menschheit gespeichert. Und, wie schon gesagt, ist der Großteil unserer tiefgreifenden Erfahrungen es eigentlich nicht wert, über so lange Zeit in Erinnerung zu bleiben.

Aber diese Information ist jetzt über uns, und bei jeder Gelegenheit, jeder Resonanz oder jedem Regenguss träufelt sie wieder in uns ein und gelangt wieder in den gleichen unheiligen Kreislauf. Wir nehmen es wieder auf, erfahren wieder Leid, geben es wieder hoch. Dieser Kreislauf wird durch diese Lichtsäulen durchbrochen, denn diese Nadel gibt die Information der Heilung direkt ins Morphogenetische Feld. Dadurch kommt es zu einer Ausheilung der Dualität, wodurch wir das Leidprogramm im Morphogenetischen Feld schwächen. Es bekommt Öffnungen und bringt mit der Zeit starke gesellschaftliche Veränderungen mit sich. Das wiederum verstärkt den Einfluss von Uranus auf die Erde, und Uranus ist der große Veränderer. Diese Veränderungen erleichtern es uns dann als Gesamtheit, unser Ziel, den Kosmischen Menschen, zu erreichen, und darum geht es Kiria Deva und Elyah ja immer wieder – die Erschaffung oder, besser gesagt, die Wiedererweckung des Menschen in seinem vollkommenen Potenzial!

Wir müssen nichts neu erschaffen oder etwas neu kreieren, es geht nicht darum, etwas leisten zu müssen, sondern darum, zu unserem Ursprung zurückzukehren. Eben genau das zu vergessen, was wir in all den Jahrhunderten zuvor „geleistet" und erlebt haben. Nur, wenn wir das tun, glauben wir immer noch, wir würden wesentliche Teile von uns aufgeben, und diese Vorstellung wird vom Schild gelenkt. Dabei haben wir leider meistens nicht das Gefühl, wir würden Ballast abwerfen, wie bei einem Fesselballon, sondern versuchen ständig, die Ballonhülle noch weiter zu füllen, bis sie irgendwann platzt. Dieser Ballast sind unsere Erfahrungen, auf die wir alle so stolz sind!

Ich gebe euch ein Beispiel dafür:

Mütter unterhalten sich über ihre Kinder und über die Geburt –, „normal" oder mit Kaiserschnitt. Und wenn eine mit Kaiserschnitt entbunden hat, kommt auch schon der Zweifel auf, ob sie denn eine „richtige" Mutter sei, denn was Wichtiges fehlt: Presswehen, Schmerz... „Hinterher ist alles schnell vergessen!“ – denn da wurden Endorphine ausgeschüttet: „Es war so schön!“ Und doch, was haben wir gelitten!!! Viel Energie, und die wird dadurch verankert. Damit setzen wir Energiefrequenzen frei, die nicht gut sind und werdenden Müttern schon gar nicht gut tun. Und dadurch geben wir das wieder ans Morphogenetische Feld, wo fest verankert und festgeschrieben wird: Geburt muss schmerzhaft sein! Das ist eine negative morphogenetische Prägung, denn eine Geburt muss nicht schmerzvoll sein!

Das ist die Auswirkung unserer Christuspräsenz, und wir dürfen uns dann nicht wundern, wenn Erstgebärende sagen: Ich habe Angst, ein Kind zu bekommen. Ich habe Angst vor der Geburt.

Der Atlantische Lebensschlüssel klärt über diese Lebensnadel Thematiken wie „Geburt muss schmerzvoll sein“ und ähnliche kollektive Erfahrungen aus dem Morphogenetischen Feld heraus, und zwar für alle Frauen dieser Erde! Damit wird die Polung umgekehrt – und verändert letztendlich die Gesellschaft.

Ein anderer Aspekt der Lebensnadeln ist der, dass sie Schilde auflösen, langsam, jedoch beständig, was letztendlich auch zu einer großen Veränderung führen wird, doch dazu in einem späteren Kapitel mehr.

Ein anderer Aspekt betrifft die Reinigung von verstrahlten Gebieten, Elyah meinte, man könnte sogar ein atomar verseuchtes Gebiet mit dieser Lebenssäule reinigen. Sie bittet uns jedoch, diese Nadeln nicht in Gebäuden zu errichten, wo mit Strahlung gearbeitet wird, weil sonst diese

Geräte kaputt gehen. (Zum Beispiel: Computertomograph, Röntgengeräte oder Ähnliches.)

Wir können den oberen Kreis von Labradoriten auch verschicken, und das läuft ebenfalls über die Larimarebene. Man aktiviert das Ankh als Lebensschlüssel und legt den Larimar auf den 6er-Kristall. Dabei liegt dieser mit der Spitze zum Kreis gerichtet. Damit wird der Schlüssel ausgerichtet. Oben in dem Kreis visualisiert man die Person, die es betrifft. Damit aktiviert ihr den Kreis (die Kugel), und die Person bekommt eine Lichtladung dieser atlantischen Information in ihr System. Das geschieht in sehr kurzer Zeit. Diese Schwingung ist die Larimarebene, die eine Schutzebene ist. Der Mensch, der mit dieser Energie konfrontiert wird, verliert seinen Schild (seinen Schutz) und hat die Möglichkeit, in die Erweiterung, in die Öffnung, und damit in die Veränderung zu gehen. Das ist besonders geeignet bei Menschen, die festgefahren sind. Und die Entscheidung, ob jemand festgefahren ist oder nicht, trifft derjenige selbst und nicht du als Behandler! Wenn ein Mensch zu dir kommt und sagt: „Du, ich komme nicht weiter, ich fühle mich wie eingemauert“, dann wäre das so eine Situation.

Diese Technik ist komplett septidisch. Der obere Kreis stellt die Magellansche Wolke dar und zeigt ihren Weg in die Materie. Der letzte Stein, der aufgelegte Larimar, steht jetzt für die Erde und zeigt den Weg der septidischen Vernetzung hin zur Erde.

Elyah sagt, mit dieser Methode sei auch eine Selbstbehandlung möglich. Du aktivierst den Lebensschlüssel, und du visualisierst dich selbst im oberen Kreis. So kannst du dich selbst behandeln.

Wir haben den Lebensschlüssel auch in unserem Körper, grobstofflich, allerdings nicht als Kristalle, sondern als Organ, und das ist die Dura, die Gehirnhaut. Die Septiden weisen immer wieder auf die Dura hin und sagen, diese sei das am stärksten vernetzende Teil in unserem System.

Und nun noch eine letzte Anwendungsmöglichkeit für den Lebensschlüssel: Hierbei geht es um Erdheilung, wie sie von Elyah und Kiria Deva verstanden wird.

Erdheilung bedeutet zum einen, das gläserne Meer zum Klingen zu bringen und es wieder in einen natürlichen Gleichklang mit allen Welten zu setzen. Das heißt, dass die Erde auch von anderen Ebenen wieder als gleichberechtigt anerkannt wird und nicht als Störfaktor, wie im Fischezeitalter, und allgemein seit dem Untergang von Atlantis.

Erdheilung bedeutet auch die Schwingungsheilung aller Wesen, die auf der Erde leben. Darin eingeschlossen ist Materie wie Gestein und Kristalle, Wesen aus dem Reich der Pflanzen, Tiere und Menschen, aber auch die Ebenen der Feinstofflichkeit. Es geht darum, diese und deren Beziehung untereinander in eine kosmische Harmonie und vollkommene Ausheilung zu bringen.

Das ist die Form, wie Elyah sich Ewigkeit vorstellt, aus ihrem Blickwinkel des Geschehens im Universum.

Bei diesem Legesystem kommunizieren der Turmalin und der Larimar miteinander. Der Turmalin liegt im Zentrum der „Magellanschen Wolke", also im Zentrum der erschaffenden Kraft in unserem Quadranten (unsere Milchstrasse erschuf sich aus der Magellanschen Wolke).

Die Energie fließt hier in umgekehrter Richtung, man arbeitet vom Kreis weg zum 6er-Kristall hin. Dabei liegen die Kristalle wie sonst auch, jedoch in anderer Richtung, also wie folgt:

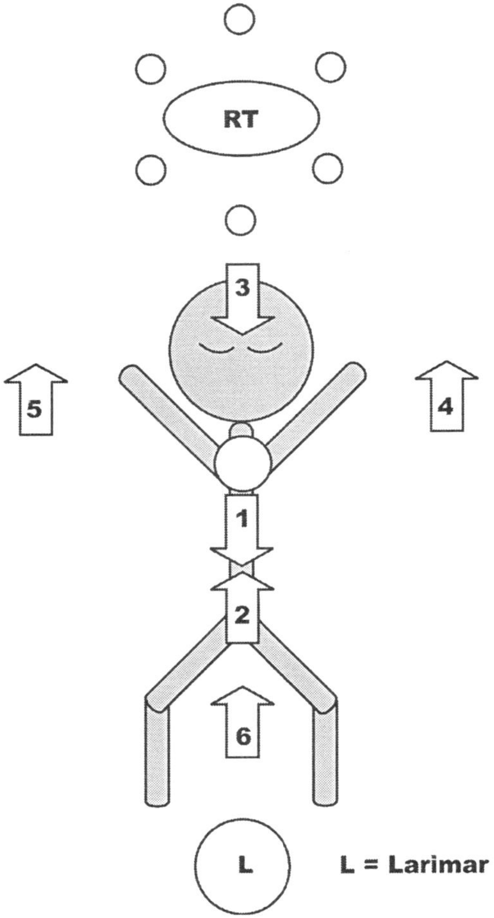

- 6er und 2er nach oben
- 1er und 3er nach unten
- 4er und 5er nach oben
- Der rote Turmalin ist im Zentrum des Kreises
- Der Larimar liegt auf dem 6er-Kristall

Die erschaffende solare Kraft der zentralen Sonne (roter Turmalin) transformiert sich herunter bis in die Erde (Larimar). Die vier Bergkristalle transformieren für jedes Element passend die Schwingung herab. Dabei steht der 1er-Kristall für das Element Erde, der 3er für das Element Feuer, der 4er für das Element Luft und der 5er für das Element Wasser. Der 6er, auf dem der Larimar liegt, stellt Gaia als Ganzes dar. Und jetzt passiert folgendes: Der unterste Stein, Gaia, strahlt jetzt in die oberen äußeren Kristalle, den 4er und den 5er aus. Es bildet sich eine Triangulation, und diese signalisiert, wir sind da!!! Sendet diese Information hinein in die Magellansche Wolke, das heißt: Wir haben unseren Kontext im Universum erkannt und geben sozusagen eine kosmische Einladung in die Magellansche Wolke hinein, diese muss uns wieder erkennen und annehmen. Und das ist, nach Elyah, Sinn und Zweck der Erdheilung – uns wieder einzugliedern in diesen Kontext der Welten.

Dieses Legesystem unterstützt Menschen, die sich als Kanal für die solaren Kräfte zur Verfügung stellen. Wenn jemand starke solare Anbindungen hat, setzt oder legt er sich zum 6er Stein hin. Das hilft diesen Menschen, sich mit diesen Energien zu verbinden, und dadurch kann auch sein Kanal in den Fluss kommen.

Elyah empfiehlt, diese Formation auszulegen, wenn man Workshops, Seminare und Arbeiten macht, die sich mit Erdheilung beschäftigen. Damit setzen wir ein deutliches Signal in den Kosmos! Und um die Verbindung und den Kontakt zu unseren Geschwistern geht es auch im folgenden Kapitel.

Der Kontaktdom

Das Wesentliche am Kontakt mit den Sternenrassen ist die Berührung und die Herzöffnung, und die kann nur stattfinden, wenn du in Offenheit, Achtsamkeit und Behutsamkeit und auch in einer gewissen Form von „Langsamkeit“ bist, was nichts mit Geschwindigkeit, sondern mit Behutsamkeit zu tun hat, wie man an die Sache herangeht. Und Elyah sagt, die Kontakte bestünden bereits und würden zunehmen.

Ein Bekannter von mir saß mit seiner Freundin vor Jahren im Urlaub an einem Strand. Eine Frau mit auffallender, intensiver Energie ging vorbei. Dann haben sie kurz weggeschaut und sich über diese Frau unterhalten.

Als sie wieder hinschauten, war sie weg. Er hat dieses Ereignis nie verstanden und sich nie wieder gefragt, wie sie so plötzlich verschwinden konnte. Jahre danach fragte er in einer Einzelsitzung nach, wer diese Frau gewesen sei, und es hieß, sie sei ein Neddek.

Viele Begegnungen werden in den nächsten Jahren in ähnlicher Weise auf ganz spektakuläre Art stattfinden. Sie werden nicht auffallen, außer du bist sehr achtsam, geschult und bewusst. Wenn du auf der Straße gehst, hast du keine Erwartungen, einen Neddek oder Og Min zu treffen, und dadurch kann ein Kontakt leichter stattfinden. Wenn du dich in den Kontaktdom stellst, wenn du nach Stonehenge fährst oder andere Plätze aufsuchst, hast du gewisse Erwartungen, und diese verengen dein System; es ist dann schwieriger, als wenn du in die Stadt gehst oder einen Spaziergang unternimmst, ohne etwas zu erwarten. Natürlich ist es auch über den Kontaktdom möglich, eine Art von Kontakt herzustellen, dieser wird sich jedoch auf andere Weise darstellen.

Die Vorstellung von Sternenwesen ist in den Köpfen der Menschen noch viel zu beengt, sie ist geprägt durch Bücher, Bilder und Filme. Diese entsprechen jedoch nicht der Realität, und deswegen sind diese Vorstellungen auch noch viel zu angstbesetzt, denn die meisten Science Fiction Geschichten stellen unsere Nachbarn als nicht lichtvolle Gegner dar, die uns alle den Garaus machen wollen. Einige für mich positive Filme zu diesem Thema möchte ich erwähnen: Cocoon, Abyss und die meisten Geschichten aus Star Treck, die auch von der geistigen Ebene inspiriert wurden. Und es geht auch nicht darum, dass dann irgendwann ein Ufo kommt und alle („Guten" oder die „144.000") einsammelt, und dann sind diese oder wir alle gerettet. Das hat nichts mit Sternenwesen zu tun, wie Elyah sie versteht, sondern mit Endzeitszenarien und einer möglichen Vertröstung auf eine Rettung von Außen.

Es ist ganz wichtig, dass sich die Menschen von bestimmten Vorstellungen lösen, wie ein Kontakt sein muss. Er wird auf jeden Fall sehr behutsam sein, für beide Seiten. Viele Menschen sehnen sich danach, einen Außerirdischen zu sehen. Aber sie müssen es auch aushalten, ihm in seiner wahren Form zu begegnen.

Es werden in nächster Zeit mehr und mehr Bücher über Sternenrassen geschrieben und veröffentlicht werden, und in einigen bereits veröffentlichen Werken von

Solara, Trixa und Ava Minatti kann man sich über einige unserer Geschwister bereits ein Bild machen.

Nun jedoch eine kurze Zusammenstellung und Beschreibung jener Sternenrassen, die nach Elyah an der Erschaffung der menschlichen Rasse beteiligt waren. Das sind auch die Völker, die hier auf der Erde gelebt haben, bevor der Mensch entstand.

Diese Völker strahlen ihre Energie immer noch auf uns ein, denn sie leben auf Planeten innerhalb unserer Milchstraße. Sie sind gar nicht so weit weg, sagt Elyah – wobei für unser Verständnis unsere Milchstraße schon sehr groß ist. Aber aus Elyahs Sicht sind sie quasi Nachbarn.

Sie haben sich verpflichtet, „ihre Geschöpfe" – das sind wir – mit Kraft, Energie und Lichtschwingung zu versorgen und so wieder in den kosmischen Verbund der Einheit zurückzuholen, denn dazu wurden wir geschaffen: um diese Einheit zwischen den Völkern wieder herzustellen. Diese Sternenwesen strahlen ihre Energie in die Turmalinschichten ein, womit sie die Erschaffung des Kosmischen Menschen forcieren.

- Die Nerom stammen aus dem Sternbild Skorpion und haben uns alle Informationen zur Bildung, Zusammensetzung und Nutzung des Blutes mitgegeben. Ihre Impulse begründeten die afrikanischen Hochkulturen, und auch die Mayas und die Inkas sind von diesen Strukturen beeinflusst.

- Die Lemurianer stammen aus der Magellanschen Wolke. Ihnen verdanken wir die Kommunikationsfähigkeit, die Lernfähigkeit und die Zuwendung zu anderen. Sie haben eine starke Verbindung zum Sternenvolk der Neddek. Durch ihren Einfluss wurden die Kulturen des polynesischen Formenkreises geschaffen. Sie haben auch die Kelten beeinflusst.
- Das Volk der Sundan stammt aus dem Pferdekopfnebel und ist verantwortlich für die Qualität und Schwingung der Feen und Elfen in uns, für das Verbinden und Vernetzen. Diese Wesen sorgten durch ihren Einfluss über den genetischen Kode für die Entwicklung der japanischen Hochkultur und der Drachenkulte.
- Die Atlanter stammen von Aldebaran aus dem Sternbild Stier und bewohnen dort siebzehn Planeten. Sie brauchten eine spezielle Chlorgasatmosphäre zum Überleben; der Hang zum Licht, die Freude am Erschaffen und Kreieren und die Klarheit im Verstand sind ihr Erbe an uns. Sie gründeten die monotheistischen Religionen und Philosophien.
- Die Seffar sind Wasserwesen aus dem System der Plejaden. Ihre Hauptaufgabe ist der Umgang mit Flüssigkeiten wie Wasser, Plasma, Öl und anderen, die als Medium zur Speicherung und Weitergabe von Informationen dienen. Sie besuchen die Erde nach wie vor und nehmen Kontakt auf. Sie schufen die indischen Hochkulturen, den Hinduismus und den Buddhismus.
- Die Mirina stammen vom Andromedanebel und gaben uns den Hang zum Kult und zur Mystik. Ihr Einfluss

wirkt sich in Singen, Klang, Musik und liturgischen Gesängen aus. Sie begründeten die tibetanische Hochkultur.

- Die Medima waren die Medien von Atlantis – ein Zusammenschluss von Abgesandten aus den anderen sechs Völkern. Sie beeinflussten dann die minoische Kultur, die ägyptische Kultur, die chinesische Kultur und den Sufismus.

Diese sieben Völker waren sozusagen grobstofflich an der Entwicklung des Menschen beteiligt, von ihnen haben wir auch DNS Sequenzen in unserem Genom. Die Energie dieser Sternenvölker ist viel stärker in uns enthalten als wir glauben. Wenn du beispielsweise Lust hast, deinen Garten zu gestalten, dann ist das eine Qualität der Atlanter, die in Richtung Erschaffung geht. Das würdest du als Mensch ohne dieses Erbteil nicht tun. Die Lust und Freude am Wasser und am Baden hat ebenfalls damit zu tun.

Wir funktionieren hier nach uralten Programmen, die wir jedoch so verinnerlicht haben, dass wir glauben und sagen, es sind unsere Eigenschaften. Ursprünglich sind es jedoch nicht unsere, wir würden das nicht machen, wenn wir diese Sequenzen nicht hätten. Das sind Eigenschaften und Dinge, die uns eigentlich erkennen lassen, dass wir Sternenwesen sind. Wir haben diese Prognose jedoch so in unsere Normalität eingebaut, dass wir jetzt sagen, es sei eine urmenschliche Eigenschaft. Das stimmt jedoch nicht; in diesem Sinne gibt es keine solche Eigenschaft. Wir sind Sternenwesen, die aus der Verschmelzung verschiedener

Sternenvölker entstanden sind – eine Synthese der verschiedensten Energien.

Ein Beispiel sind die Atlanter: Diese haben gebaut und Städte errichtet, immer in Kommunikation miteinander gestanden und Gemeinschaften gebildet. Sie errichteten abgeschlossene Städte, die nicht nur funktionell waren, sondern auch Schönheit in sich bargen und so lebende Kunstwerke waren. Der Drang von uns Menschen, uns eine Behausung zu bauen oder einzurichten und uns auszudrücken in den verschiedensten Materialien, etwas erschaffen zu wollen, – das alles ist typisch atlantisch. Ebenso Dinge, die in der Natur vorkommen, verändern zu wollen. Wir sehen einen Felsen und erkennen darin eine Venusgestalt oder etwas anderes, nehmen einen Meißel und schälen sie aus dem Marmorblock heraus.

Die Vorliebe zu baden ist ein anderes und wunderbares Beispiel dafür und auf die Sequenzen der Seffar zurückzuführen. Wären nicht die Seffar hier gewesen, sondern an ihrer Stelle die Septiden, würde in uns kein Wasser, sondern flüssiges Chlorgas sein, und ebenfalls auf Gaia, denn dann hätte man uns so erschaffen. Elyah sagt, Wasser sei nichts anderes als eine chemische Verbindung, H_2O. Die Mystifizierung von Wasser hätten wir vorgenommen, indem wir ihm die besondere Bedeutung von Lebenselixier und so weiter gaben. Die Seffar-Anteile in uns sind höher als die von den Atlantern. Hätten wir überwiegend atlantische Anteile, wären wir eine kristalline Lebensform. Diese haben wir auch in uns, da wir auch Kohlenstoff in uns tragen, dessen reine Form der Diamant ist. Diese Kohlenstoffeinheiten in uns kann man leicht verändern und in Verbindung bringen. Kohlenstoff in Verbindung mit Wasser hat ganz andere Eigenschaften als Seffar alleine oder atlantisch alleine! Deswegen sind wir ein Wunderwerk, ein Kunstwerk der Verschmelzung, und die Grundkomponenten erhielten wir von den oben genannten Sternenrassen. Bei der Erschaffung des Kosmischen Menschen wurde nichts dem Zufall überlassen. Da gab es keine unbekannte Größe.

Es haben noch andere Rassen Einfluss genommen, aber nicht so stark, als dass es unsere Grundsequenz der Materie betroffen hätte. Sie haben diese gleichsam angestoßen, Impulse gegeben, sich so und so zu verbinden und zu vernetzen.

Die Og Min sind eine Sternenrasse vom Planetensystem der Zentralsonne. Ihre Hauptausrichtung ist es, Informationen aus allen Teilen unseres Kosmos zu sammeln und diese an alle weiterzugeben, die sie bei ihrer Entwicklung unterstützen dürfen.

Über die Sternenrasse der Septiden habe ich schon weiter oben erzählt, und die Saphur, die Drachenwesen, werden in einem späteren Kapitel noch ausführlicher besprochen. Das Volk der Neddek wird in *Wir kommen von den Sternen* von Ava Minatti eingehend beschrieben.

Laut Elyah gibt es noch viel mehr Sternenrassen. Die Obengenannten sind jedoch für die Entwicklung der Menschen die wichtigsten und mit uns in häufigem und liebevollem Austausch.

Elyah erklärte uns durch Michael im März 2003 während der *Konferenz der Freude* in Innsbruck ein neues Legesystem mit dem Atlantischen Schlüssel, den Kontaktdom:

Die sechs Labradoriten werden im Kreis aufgestellt und bilden die Außensequenz. Innerhalb des Kreises, zum Menschen hin gerichtet, stehen die Symbole für die Elemente, und diese werden von den Kristallen des Atlantischen Schlüssels dargestellt. Die Reihenfolge spielt dabei keine Rolle. Der rote Turmalin kommt nun in die Mitte des Kreises, und der Mensch steht oder sitzt ebenfalls in der Mitte.

Die Labradoriten schwingen miteinander und bauen dadurch ein Feld auf, das sich linksherum dreht.

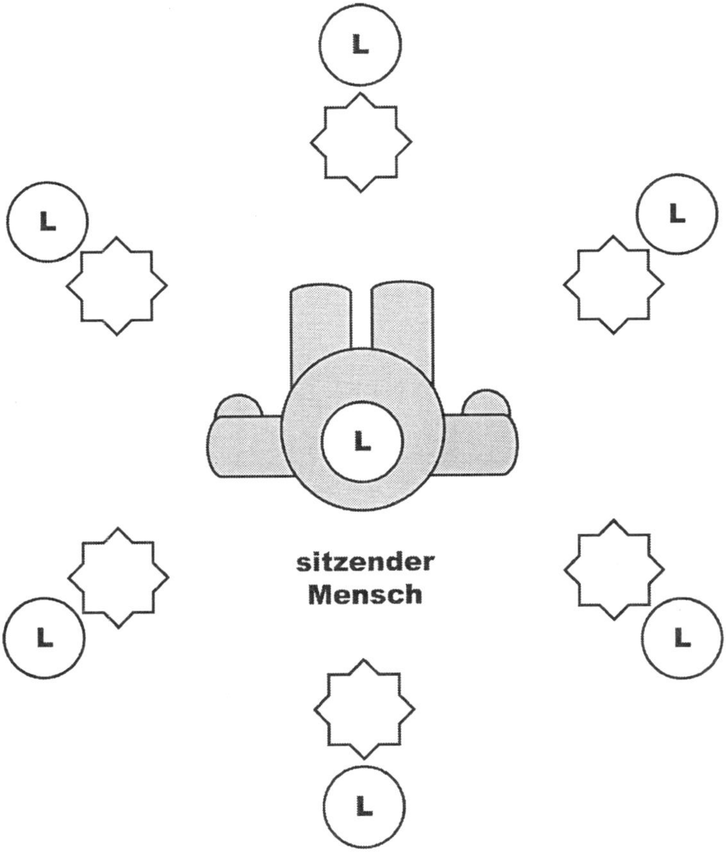
L
L
L
L
sitzender
Mensch
L
L
L
L

Die Steine des Atlantischen Schlüssels erwecken die Erinnerung an die alten Kulturen der Steinkreise und schwingen in die andere Richtung. Zwischen den Labradoriten und den Steinen des Atlantischen Schlüssels entsteht ein Spannungsfeld, ein Magnetismus. Der strahlt gleichzeitig nach oben und nach unten aus, das Magnetfeld läuft jetzt wie beim Magnetfeld der Erde. Du stehst mit leicht gespreizten Beinen darüber. Der rote Turmalin befindet sich in Verbindung mit den Turmalinebenen von Mutter Erde. Du stehst im Zentrum dieses Feldes. Der energetisierte Larimar ist über (oder auf) deinem Kopf, er bildet sozusagen den Eingang zu deinem Kanal für den Kontakt. Er errichtet die oben beschriebene Lichtnadel und stellt den Kanal dar. Und dieses energetische Konstrukt richtet sich auf eine der sechs Sternenenergien aus. Alle diese Sternenebenen waren an der Errichtung der Erde und ihrer Geschöpfe beteiligt. Und die wollen mit uns wieder Kontakt haben, worum sie sich seit Jahrtausenden bemüht haben. Das zeugt von ihrer Geduld und ihrer Liebe, mit der sie auf uns warten! Und dazu ist uns dieses Symbol gegeben, hinauszurufen: „Wir sind da und wollen Kontakt."

Aufgrund unseres atlantischen Erbes wie auch unseres Sternenerbes ist uns dieses energetische Konstrukt als Unterstützung zur Seite gegeben, um dieses Schwingungsfeld zu erzeugen. Wenn wir die 12-Strang-DNS und unsere Erweiterung wieder aktiviert haben, brauchen wir das nicht mehr. Es ist nur ein Krückstock zur leichteren Kontaktaufnahme.

Elyah empfiehlt, diesen Kontakt immer wieder bewusst aufzunehmen, uns in den Schlüssel reinzustellen oder zu setzen und uns zu verbinden. Dadurch würden sehr starke Kontakte zustande kommen, und wir sollen bitte nicht in die Angst gehen, sondern in die Bereitschaft, auch im Kontakt zu bleiben. Hier geht es nicht um Sensationen, sondern um Kontakt.

Wir sollten uns als Teil einer großen kosmischen Familie sehen, die sich zu Besuch ankündigt und die auch uns einlädt. Es ist wie eine Familienzusammenführung. Wir waren lange getrennt, und dann auf einmal heißt es: „Hallo, hier bin ich", und dann wird ein Fest gefeiert.

Der untere Teil des Spannungsfeldes zwischen den Bergkristallen und den Labradoriten verbindet mit allen Stätten die Kontaktaufnahme, vor allen mit den Nasca Linien, den Königskammern der Pyramiden von Gizeh, der Halbinsel Yucatan, Stonehenge und einer Station auf dem Südpol aus einer Zeit, als dort noch tropischer Regenwald war. Viele Fragmente davon sind auch grobstofflich vorhanden.

Die Kristalle verbinden sich auch mit dem Turmalin in der Mitte. Von dort aus geht eine Lichtverbindung in den eisernen Erdkern. Der Turmalin verbindet dich mit dem natürlichen Magnetfeld der Erde. Oben befindet sich der Larimar, während du im Spannungsfeld zweier Lichtsäulen stehst, die sich aber nicht treffen, sondern ein Energiefeld aufbauen.

Du stehst dazwischen.

Hier gelten die Kräfte der Physik, so wie wir sie kennen, nur (etwas) eingeschränkt. Du bist auch nicht mehr den Gesetzmäßigkeiten deiner noch verkürzten DNS unterworfen, weshalb dieser Schwingungsraum die Kontaktaufnahme vereinfacht. Es geht hier auch nicht um die Neukreation von Mustern und die Erinnerung an Geschehnisse auf deinen Sternenwegen, sondern es geht um Heilung. Diese Energie ist eine Form der segnenden Heilung!

Du kannst dich in diesen Kreis stellen oder setzen, so lange du möchtest. Man kann auch mit Gruppen darin arbeiten, wenn es um Kontaktaufnahme geht. Die Menschen sind dabei in einer engen Verbindung mit dem Turmalin und sitzen oder liegen um diesen herum. Das wäre auch eine gute Möglichkeit, das ewige Gedankenkreisen bei vielen unserer Mitmenschen aufzulösen. Der Kontaktdom bringt Ruhe und hilft dir, in der Zentrierung zu sein.

Dieses Schwingungsfeld ist auch sehr gut für die Behandlung von Herzinsuffizienzen (Herzschwäche), weil der Muskeltonus dabei sehr angeregt wird. Bei erhöhtem Tonus wirkt es ausgleichend und reguliert sanft Herzrhythmusstörungen. Es besteht auch keine Gefahr, dass die Energie zu hoch ist, denn sie wird vom Bewusstsein des Atlantischen Schlüssels in Verbindung mit Kiria Deva auf das rechte Maß transformiert, und du bist ein kosmisches Wesen. Wenn du stark emotional bist, kannst du Gefühle wahrnehmen wie: „Ich bin angekommen, alles wird gut." Du kannst Ballast abwerfen und durchschnaufen. Es ist quasi wie ein liebevolles Heranführen des Kindes von seiner Mutter oder von seinem Vater an eine gewisse Tätigkeit. Und das geschieht mit Liebe, und darum geht es hier, und das ist der Kontakt zu den Sternenwelten, aber auch zu dem Stern in uns.

Der Atlantische Schlüssel, gerade in der erweiterten Form des Ankh, ist ein Symbol für den erwachten Menschen und auch für die Ausrichtung der Ursprungsenergie in seinem Sein, für sein ursprüngliches kosmisches Bewusstsein.

☆☆☆

Kontaktaufnahme über die Kornkreise

Ebenfalls bei der *Konferenz der Freude* gab uns Elyah eine Deutungsmöglichkeit für einen damals aktuellen Kornkreis, so wie sie ihn versteht und uns nahe bringen möchte. Doch davor noch einige Worte von Janet am Tag des Kriegsbeginns in Irak, der auch der Beginn der *Konferenz der Freude* war:

Es ist ein Segen, in dieser Zeit auf der Erde inkarniert zu sein, denn ihr seid die erste Welle, ich möchte das mal so nennen, die in den Kontakt mit dem Bewusstsein des Wassermannzeitalters kommt.

Und ihr habt schon viel getan, um euer Bewusstsein zu öffnen, jedoch ist es ähnlich, als wenn man eine Brücke über eine Schlucht baut. Ihr habt von beiden Seiten begonnen, ihr habt auf der einen Seite begonnen, und die Wesenheiten der Sterne auf der anderen Seite der Schlucht, und jetzt ist der Zeitpunkt, sich in der Mitte zu treffen. Ihr müsst wissen, dass alles ein Fluss des Bewusstseins ist, und es ist ein Fluss, den sich euer Verstand nicht vorstellen kann. Aber ihr müsst lernen, mit dem Bewusstsein der Sternenwesen, die eure Nachbarn sind, in Kontakt zu treten. Und wenn ihr offene Herzen habt, wird der Kontakt mit den offenen Herzen der anderen Seite leicht herzustellen sein. Ja, sie werden euch kontaktieren. Es ist nicht mehr die Zeit, zu werten, es ist nicht mehr die Zeit, zu urteilen, und es ist genauso nicht mehr die Zeit, zu verurteilen. Bitte, verurteilt nicht mehr mit euren Gedanken und Gefühlen.

Ja, ihr könnt den Krieg in euch beenden. Macht jetzt einen Friedensvertrag in euch und erlaubt eurem Hohen Selbst, diesen Friedensvertrag in den Kosmos zu senden. Macht dieses jetzt! Erkennt, sie werden euch kontaktieren, ganz im Besonderen die Wesenheiten der Og Min, der Septiden und der Neddek.

Es ist eine Gnade, in dieser Zeit inkarniert zu sein, und so bringe ich meinen Auftrag aus dem Kosmos: Stoppt das Töten hier auf Gaia! Hört auf, zu töten mit euren Gedanken, hört auf, euch selbst zu töten. Hört auf mit dem Selbstmord, den ihr begeht. Seid euch bewusst, jeder schlechte Gedanke ist ein Selbstmord für die Christuspräsenz in euch. „Ich bin nicht gut genug“, ist Selbstmord (schön, schlank, stark, entwickelt, bewusst, klar, Anm. Antan), *denn du bist ein Wesen der Liebe. Das Wichtigste bei dieser Schöpfung mit diesen Millionen von Sonnen, die wichtigste Energie war Liebe! Bitte, kritisiert nicht, denn auch das ist Selbstmord. Bitte erlaubt mir, das in dieser Art zu sagen: Wenn ihr euren Partner kritisiert, ist das ein Selbstmord, ein Plan des Tötens. Zeigt den Wesen, die euch umgeben, ich bin kein Mörder. Ich bin keine besondere Art eines kosmischen Haies. Nein, ich bin das nicht!*

Bitte, stellt euch vor, ihr setzt euere Füße auf einen fremden Planeten. Und die Wesen, die dort leben, kommen und sagen: „Hallo, wir möchten dich zu einer kleinen Operation einladen. Hinterher bist du zwar tot, aber das macht nichts. Aber wir wissen dann mehr.“ Das war euer Benehmen für Jahre und Jahre. (Und das würden eure Wissenschaftler und Machthaber immer noch mit grob-

stofflichen Besuchern aus dem All machen.)

Die positive Nachricht ist, dass ihr euer Bewusstsein verändert habt. Die Samen, welche die Lichtarbeiter über viele Jahre hinweg gesetzt haben, sind aufgegangen. Und viele Wesenheiten, die euch umgeben, haben keine Angst mehr vor euch. Und jeder dieser Kontakte wird euch Mut, Stärke und Sicherheit geben. Sie werden euch an eure Christuspräsenz erinnern, und bitte, seid euch bewusst, ihr seid Licht, und ihr habt einen Weg des Lichtes zu gehen und nicht einen Weg aus Ängsten, Mustern und Blockaden. Das ist nicht euer Weg. Euer Weg ist der des Lichtes. Jeder von euch ist ein Ausdruck der Quelle allen Seins. Ja, das seid ihr: ihr seid Licht, das unter dem Druck der Verdichtung steht und so Fleisch wurde. Das bist DU!

Nun die Beschreibung der „Blume des Lebens" (Etchilhampton Weltshire GB, Juni 2002), Elyah durch Michael:

Seid gegrüßt und seid gesegnet in der Kraft des universellen Einen Seins, das wir sind von Anbeginn der Zeiten, und wenn ich sage, dass wir sind, meine ich damit alle Wesenheiten in diesem wunderbaren Klangkonstrukt aus Licht und Ton, aus Farben und Formen, das ihr das Universum nennt und das ich den Raum der Möglichkeiten und der Fülle nenne. Ein Raum, der von vielen Wesenheiten bewohnt wird, die ähnlich sind wie ihr. Wir haben über die Zeichen Kontakt zu euch aufgenommen, die wir in eure Nahrungsmittel geprägt haben. Auch über die Zeichen, die wir durch mediale Wesen über die Bewusstseinsebe-

ne gegeben haben. Erkennt und begreift, Einheit ist. Ihr seid und wart nie getrennt. Ihr seid Teil einer kosmischen Symphonie, eines Klangs. Ein ewiger Klang von Leben, der in alle unendlichen Weiten des Universums hinein expandiert. Wir haben Zeichen gegeben, und diese sagen euch: Wir sind da!

Dieses Zeichen ist schon durch viele Bewusstseine gegeben worden, und ihr kennt es auch als "Blume des Lebens", erinnert euch, gebt diesem Symbol Antwort, denn dieses sagt, wir wollen Kontakt, wir warten auf euch! Geht durch die Tore des Lichts; ihr habt es schon in vielen Völkern, Kulturen und Zeiten getan und diese Tore errichtet. Der Tempel des Sobek im alten Ägypten war nichts anderes als ein Tor. Und ebenso der Tempel der Hathor, diese wunderbare Wesenheit mit den Hörnern und der „Sonnenscheibe" dazwischen. Dieses ist nicht die Sonnenscheibe, es ist ein Tor. Hathor ist die, die den Kontakt zu den Sternenebenen und den Sonnen aufrecht erhält, die für euch weit entfernt sind.

Bitte erkennt, dass es für euch wichtig ist zu wissen, dass der Kontakt nun notwendig ist. Er ist notwendig, denn er wendet eine Not, er wendet den Kreislauf aus erkennen, aber nicht handeln können. Wir wissen um eure Not, euren Wunsch und euer Sehnen nach Kontakt. Einheit ist seit Anbeginn der Zeit, doch wurde euch im Sinne der Manipulation gesagt, ihr wäret getrennt. Getrennt von eurem göttlichen Ursprung, von eurem Sein, von eurem Partner und so weiter. Glaubt das nicht, Bewohner dieses wunderbaren Planeten, glaubt nicht, dass ihr jemals getrennt wart!

Dieses sind die sechs Kreise der sechs angrenzenden Universen an dieses Universum der Dualität. Sie sind verbunden über die Quasaren Ebenen. Diese sechs Kreise sind die Energien der sechs Sternenrassen, welche die Kraft der Erweckung, die Bereitschaft zur Kontaktaufnahme in euch, bringen. Diese Energien bedeuten Entschlüsselung der DNS. Bitte, ihr sagt, eure wunderbare DNS bestünde aus vier Aminosäuren, sie bilden die Doppelhelix, und darin ist die Information der Chromosomen gebunden. Chromos die Farbe, Soma der Körper, Farbkörper! Ihr seid eine Komposition aus Licht und Klang!

Dieses Symbol bedeutet, unter anderem: Lasst euer Licht und euren Klang strahlen, die Weite des Alls erfüllen, denn ihr seid Lebensenergie, ihr seid Klang! Erkennt und begreift, ihr seid mehr als die vier essentiellen Aminosäuren. Auf eurem Planeten ist es nicht üblich, dass die Natur etwas umsonst kreiert. Eure Medizin erklärt euch nicht, wozu die anderen sechzig Aminosäuren gut sind. Sie erklärt es euch nicht, weil sie es nicht weiß. Sie sind die Bausteine der Sequenzen, aus denen euer Körper besteht, denn es geht in dem Prozess, den einige den Lichtkörperprozess nennen, um die Bildung der 12-Knäuelhelix. Das Wort ist in sich ein Paradoxon, doch ich benutze die Schwingung dieses Wortes, um euch zu erklären, was es meint: Die Verbindung aller 64 Aminosäuren miteinander. Dann entsteht ein Knäuel, dann entsteht das Konstrukt der Blüte des Lebens. Eure Sternengeschwister sind dazu da, euch durch ihre Energie und durch den Kontakt zu lehren, diese Aminosäuren auf einer dreidimensionalen Basis in eurem System neu zu ordnen.

Dieses Bild erklärt die Verbindung, die ihr zu den sechs kosmischen Rassen habt. Es sind sechs Kreise, die ineinander verschlungen sind, jeder Kreis steht für eine Sternenrasse. Der mittlere bildet unsere Sonne, die Sonne unseres Planetensystems.

Diese Blüte ist auch der sechszackige Stern. Das eine Dreieck stellt die aufstrebende Kraft der Materie dar, von unten nach oben, von unserem Planetenbewusstsein hoch. Das andere das Dreieck des Geistes, die göttliche Energie, die Materie durchdringt. Der Zwischenraum ist der Mensch, eine perfekte Komposition aus beidem, aus Materie und Geist. Das sind wir, wir sind nicht die Opfer, die wir immer sein mussten. Wir sind Kinder des Lichts. Wir sind keine Menschen, die spirituelle Erfahrungen machen, sondern spirituelle Geschöpfe, die menschliche Erfahrungen machen.

Diese Teile sind geflochten, die Halme sind ausgerichtet. Jedes Dreieck steht für ein Element. Und jedes Element umgibt die Säulen unseres Sonnensystems. Das heißt, alle Elemente sind auf allen Planeten unseres Sonnensystems vorhanden, egal in welcher Form.

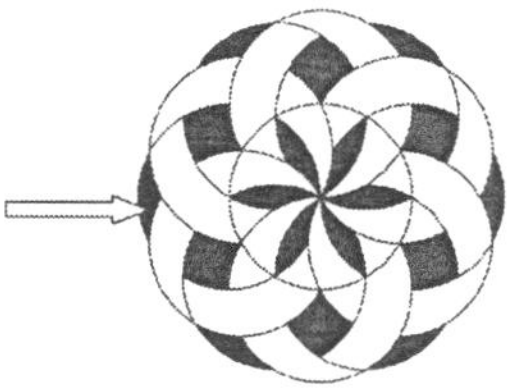

Bitte erkennt, dass Mars und Venus einmal genauso bewohnt waren und Kulturen hatten wie die Erde heute. Elyah bezeichnet Mars und Venus als die Eltern der Erde, und diese Energie der Elternschaft haben diese Planeten immer noch für Gaia. Jupiter ist der Großvater. Wäre Jupiter nicht da, gäbe es unsere Erde nicht, denn aufgrund seiner Masse und Größe hat er ein großes Gravitationsfeld, und alle Brocken aus dem Aste-

roidengürtel, die auf die Erde zurasen, werden durch die Gravitation von Jupiter angezogen und zerschellen dort.

Diese Blüte, diese Formation, stellt die Ausrichtung der Sternenrassen auf unser Sonnensystem dar und bedeutet: Geht in Kontakt.

Du als Mensch hast eine Verbindung zu allen sechs Sternenrassen. Wenn du dich hier drinnen in der Mitte siehst, gehst du zu den Sternenrassen hin und strahlst aus, denn diese sechs Sternenrassen hatten Kontakt zu Atlantis. Diese Sternenrassen machten eine Vereinigung der Völker auf der Erde erst möglich. Denn sie sagten, ihr könnt die Sequenzen der DNS so zueinander stellen, und es geschieht das und das. Ihr kreiert damit Körper. Ihr seid eine Darstellung der Einheit, und deshalb ist Gaia ein Planet der Heilung.

Jedes einzelne Blütenblatt hier drinnen steht für: Ich stehe in Beziehung zu ..., und wenn ich zu etwas in Beziehung stehe, muss ich vorher gesagt haben: ICH BIN. Es steht für die Zentrierung der Christuspräsenz, die nach innen hin zum Menschen läuft.

Das eine Dreieck steht für Christuskraft, die reine Kraft. Das andere Dreieck ist Christusliebe, die reine Liebe. Wenn sie zusammenkommen, entsteht die Christuspräsenz. Und wir sind in der Mitte, in der Christuspräsenz. Es ist die tätige Christusliebe, und diese Liebe finden wir nicht (nur) in Meditationsräumen, sondern die findet draußen statt. In unseren „heiligen Hallen" tanken wir uns auf, hier fühlen wir uns wohl. Aber wenn ich in den Supermarkt gehe, da ist die Verkäuferin oder die Kassiererin, und die braucht Christuspräsenz. Und ich bin dann ein Kanal der Christuspräsenz, und das sind wir alle!

Der Mensch steht im Zentrum, es geht um Kontakt.

Was diese Wesen uns zeigen wollen, ist: „Wir kommen von außen, und wir kommen ins Zentrum eures Systems, und das bist du selbst, das bist du, das ist nicht dein Ego, das ist deine ICH BIN Präsenz. Wir möchten mit dieser Kraft kommunizieren. Es geht nicht darum, dass ihr mit dem Kontakt zu uns die Boulevardpresse füllt."

Wir kommen von außen und sehen eure Sonne und sehen, dass eure Planeten bewohnt sind, Wesenheiten wie wir, Geschwister, die in einer Ebene der Entwicklung sind. Geschwister, denen von verschiedenen Energien übel mitgespielt wurde, aber das ist vorbei. Geschwister, die in einer Phase der Rekonvaleszenz sind. Und jetzt sind wir da, um euch den letzten Teil eurer Reise zu helfen. Wir kommen, um euch die Energie des „Wir sind für euch alle da“ erfahrbar zu machen. Geht in Kontakt zu uns!

Es handelt sich hierbei ganz klar um eine zweiseitige Geschichte, denn die Strahlen gehen vom Zentrum auch weg. Es ist von außen nach innen, und von innen nach außen.

Dieses Bild gaben wir in eure Nahrungsmittel, in euer Getreide, denn dieses Gleichnis stellt den Aufbau eurer zwölfstrahligen DNS dar. So wird eure DNS aussehen, und diese DNS wird es euch ermöglichen, in eurer Materie euren Lichtkörper zu verwirklichen, und damit ist kein ätherischer Körper gemeint, sondern euer physischer Körper, und der ist in der Lage, Dinge zu tun oder zu lassen, frei nach eurer Vorstellung, nach eurem Umsetzen der Christuspräsenz in die jeweilige Situation.

Dieser Körper hat schon in vielen Kulturen, erlaubt mir diesen Begriff, als Prototyp existiert. Das, was ihr den verklärten Christus, den Auferstehungsleib nennt, ist nichts anderes als die Umsetzung der 12-Strang-DNS. Angereichert mit allem Wissen der Völker, mit ihren Möglichkeiten und Funktionen in der Dritten Dimension. Dieser Körper ist durchaus in der Lage, sich zu materialisieren oder zu dematerialisieren, dieser Körper ist durchaus in der Lage, ohne Nahrungsmittel zu überleben oder sich zu verändern, jeweils so, wie es die momentane Lage erfordert. Wenn ihr euch in einer Höhle oder auf einem Planeten mit Schwefelgas befindet, würdet ihr Schwefelgas atmen. Es würde euch nicht schaden, euer Körper würde sich umformen, und es wäre nicht einmal ein Gedanke nötig, euer Körper würde das von alleine tun. Erkennt, dass wir Wesenheiten sind, die über solche Möglichkeiten verfügen. Ihr habt diese Möglichkeit auch in euch, doch sie schläft noch. Es geht darum, dass wir euch helfen möchten, euch zu entwickeln. Wir sind Elyah in Verbindung zu den Og Min.

Wir sind da, und wir möchten uns mit euch verbinden, so wie damals, als wir in der goldenen Kapsel kamen und unsere Sequenz, unseren DNS-Code, einspielten in die große Flüssigkeit, die ihr Meer nennt. Und somit entstand einzelliges Leben: Evolution. Wir möchten Kontakt zu euch haben, wir möchten die große Flüssigkeitsansammlung inspirieren, die ihr euren Körper nennt. Wir möchten die Sequenz der Erinnerung an euer Göttliches Heiles Sein auf allen Ebenen eingeben. So wie wir sind, so seid auch ihr. Als wir auf eure Erde gekommen sind, haben wir die Gestalt eurer Körper angenommen, damit ihr euch nicht erschreckt. Wir traten ein, und wir sagten: Fürchtet euch nicht. So treten wir ein zu dir und sagen: Fürchte dich nicht! Erlaube dir Licht! Erlaube dir Transformation! Transformation stellt den Dialog dar, Transformation ist nicht Leiden, sondern Lichtpotenzial erwecken.

Wäre es nicht ein Akt der Grausamkeit, wenn du ein schlafendes Kind in folgender Art wecktest? Du stürzt hinein, reißt die Tür und die Rollos auf, damit die Sonne direkt auf das schlafende Kind fällt.

Nein, du öffnest die Tür sanft, lässt einen sanften Lichtstrahl hinein, und dann sagst du: „Ich bin da, und es ist Zeit aufzustehen", und dann ziehst du das Rollo langsam hoch.

Das tun auch wir in ähnlich sanfter Art. Erkennt, der Schlaf ist vorüber, der Morgen ist da. Die Morgenröte eines neuen Morgens färbt das Firmament in ein rot-goldenes Licht. Wir öffnen eure Schlafzimmer, oder sollten wir sagen, die Höhlen eurer Bedrängnis? Die Kammer des Schreckens? Den Ort der Dunkelheit?

Begreift: Licht fällt in eure Höhle, fürchtet euch nicht, ihr habt nach Licht gerufen, und wir antworten. Eure Gebete und Meditationen an euren heiligen Orten sind nicht unter der Decke der Höhle hängen geblieben. Wir haben eure Botschaft gehört. Wir geben Antwort, jetzt antwortet uns wieder, lasst uns eintreten in den Dialog.

Und die alten Kulturen wussten um das Zeichen der Kreise. Und die Hopi nahmen gefärbten Sand, liefen zum Großen Geist und machten Gemälde zur Heilung. Der Kranke schritt über diese Gemälde oder sie wurden um ihn kreiert, und dann wurde der Wind gerufen, und dieses Gemälde ging mit dem Wind, so wie die Krankheit mit dem Wind verschwand.

Und da waren die Alten, sie errichteten große Steinkreise. Sie hatten Stöcke in den Händen und schlugen auf die Steine, und diese begannen zu klingen. Im Zentrum der Steine lag ein quergelegter Stein, ihr nennt ihn Altar. Auf diesem Stein lag das Modell des Steinkreises in kleinen Steinen, und die Wesen begannen, zum Klang der Steine zu singen, und die Steine auf dem Altar erhoben sich, sie wurden tanzende Steine. Ein Lichtstrahl breitete sich hinaus ins Dunkel der Nacht. Und wir sind gekommen, als man uns rief. Sie bauten Heiligtümer, und dann begannen sie, uns zu opfern, auch Leben, und wir sind wieder gegangen, weil es nicht das war, was wir wollten. Wir wollten Kontakt, wir wollten kein Leben. Wir wollten geben, teilen, und nicht nehmen. Seid gesegnet!

Es ist immer wieder die Kreisformation, die sich durch alle Kulturen und Zeichen hindurchzieht und die uns bei fast allen Kornkreisen begegnet. Unsere Geschwister bedienen sich unserer Erinnerung aus verschiedenen Kulturen, wie die der göttlichen Geometrie, des Wissens um die Steinkreise und des Wissens der Kristalle.

Eine weitere kurze Beschreibung eines Kornkreises, der am 26. Juni 2004 in Wiltshire entstand, ist: Die „Bienenkönigin“:

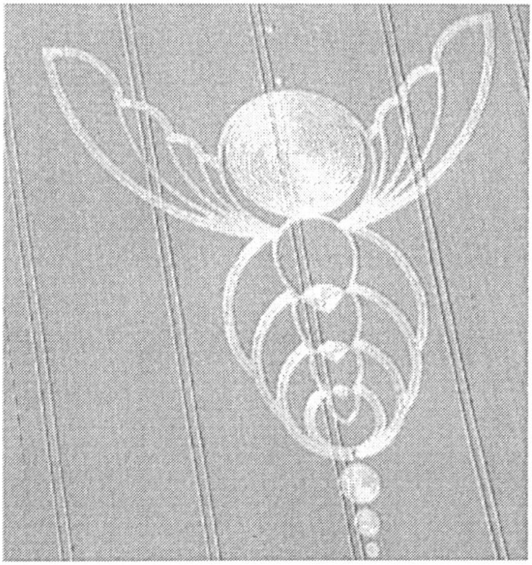

Dieser Kornkreis stellt eine Bienenkönigin dar, und auch dieses ist ein Symbol der Göttin und steht für die Fruchtbarkeit der Erde. Diese Fruchtbarkeit ist auch Ausdruck nicht nur einer persönlichen Fruchtbarkeit, das einem Füllebewusstsein gleicht, sondern es geht hier auch generell um mannigfaltigen Ausdruck, vielfältigen Kontakt und Austausch, der mit diesem Füllebewusstsein gemeint ist. Durch die Einstrahlungen der Energien seit dem Sommer 2004, in der Verbindung mit Venus und auch der Kraft, die ihr Lilith nennt, ist dieses ein weiterer Aspekt der Großen Göttin. Sie schenkt Nahrung, sie schenkt neues Leben, und dafür steht dieses Symbol. Neues Leben in der Form, dass dadurch auch neuer Kontakt zu Sternengeschwistern und Sternenebenen möglich ist, aber auch, dass ein neuer Kontakt zwischen den Menschenkindern und der Erde ist. Dadurch ist auch ein neuer Umgang mit den Geschenken und Ressourcen von Gaia möglich.

Gleichzeitig bedeutet es aber auch, dass der einzelne Mensch einen neuen Umgang mit seinen eigenen Qualitäten und Ressourcen erfährt und diese neu erlebt und weitergibt. Es ist ein Symbol, das hilft, die Große Göttin in dir zu aktivieren, anzuerkennen und zu beleben, und die Großzügigkeit des Herzens zu fördern. Erlaube dir wahrzunehmen, dass es eine wunderbare Möglichkeit ist, diese Energie auch auf den Menschen zu übertragen, der diesen Kornkreis in Form eines Drucks auf einem T-Shirt trägt. Erlaube dir wahrzunehmen, dass hier unter anderem auch die Wesenheiten der Neddek an der Erschaffung dieses Kornkreises beteiligt waren. Und er repräsentiert somit Füllebewusstsein und Reichtum. Er ist ein Ausdruck des Segens und der Fruchtbarkeit in jeder Hinsicht und in jedem Bereich. Das ist die Grundschwingung in dieser Formation, möge der Segen mit euch sein!

☆☆☆☆☆

Der Atlantische Schlüssel III
Grundprogrammierung und Ausrichtung

Der Atlantische Schlüssel III macht den Körper aufnahmefähig für Botenstoffe (Medikamente, Schwingungsträger).

Er hat die Eigenschaft, Nebenwirkungen von Medikamenten auszuschalten, das bedeutet, die Essenz des Medikaments wird der Zelle angepasst, ohne dass Irritationen im Umfeld geschehen. Dazu ist der 3er Schlüssel besonders geeignet. Er ist deshalb auch so konzipiert, weil viele Menschen noch der Überzeugung sind, – was noch sehr stark im Morphogenetischen Feld verankert ist –, dass du dem Körper etwas zuführen musst, damit dieser Veränderung oder Heilung annehmen kann. Sie trauen ihrem Körper nicht zu, dass er sich selbstständig nimmt, was er benötigt.

Der Körper ist nach gängiger Meinung das unterste Glied einer Kette des Bewusstseins. Das stimmt jedoch nicht! Der Körper ist ein ganz vorrangiges und vordergründiges Glied dieser Kette. Zuerst kommt die Empfindung des Körpers, und dann erst der Gedanke, sagt Elyah. Das heißt, es geht ganz stark über die Wahrnehmung des Körpers, und der 3er Schlüssel bringt uns in die Energiephalanx, damit wir stärker auf unsere Berührbarkeit achten und Begegnung im eigentlichen Sinne stattfindet, zum Beispiel auch Begegnung im Außen. Es ist eine sinnliche Erfahrung, wenn ich etwas berühre, und darüber fließt eine Menge an Information. Ich nehme zum Beispiel nur

Metall wahr, und das ist kalt und hart. In dieser Berührung steckt jedoch viel mehr –, die Energie der Menschen, die vorher in dieser Wohnung gelebt haben, die Energie der Erbauer dieser Wohnung und noch vieles andere mehr. Und hier sensibilisiert der 3er Schlüssel und macht sensitiv für die Aufnahme von kosmischen Energien. Und Elyah versteht kosmische Energien in dem Sinne, dass alle Energien, auch die von Vergangenheit und Zukunft, mit dazugerechnet werden. Es ist für sie ein holistischer Begriff des Seinszustands, und das schließt die Vergangenheit und die Zukunft mit ein. Und dafür macht uns der Atlantische Schlüssel III sensitiv und offen.

☆☆☆

Programm der sechs Kristalle

Diese sechs Kristalle haben wiederum eine neue Programmierung erhalten, die ebenfalls aus den Sternenebenen kommt. Es sind sehr diffizile und starke Energien. Die Hauptenergie kommt von den Wesenheiten der Malat, wobei die Energie der Saphur in diesem Fall als Überbringer in die Kristalle dient. Sie sind sehr große Wesen mit einem sehr beweglichen Körperaufbau, der hier auf der Erde als Kellerassel bekannt ist. Sie rollen sich zusammen und bewegen sich durch Rollen fort. Die Malat sind geprägt von hoher Weisheit und dienen als Lehrer im Universum. Sie sind sehr stark in ihrer Genetik und ihrem Wissen und haben große Königshäuser im Universum der Dualität unterrichtet. Sie erreichen ein sehr hohes Alter, das Durchschnittsalter von ihnen ist 8.500 Erdenjahre. Sie gelten auch als die Ammen der Drachen.

Die Malat und die Energie der Saphur sind eng miteinander verbunden. Das Planetenbewusstsein Malat existiert auch heute noch, es ist die Heimat des Rosenquarzes.

Eine genauere Beschreibung der Energien in den Kristallen ist nicht nötig und auch nicht möglich. Sie tragen die Schwingung der sechs Haupttugenden der Malat in sich. Diese sind eine Komposition der Erfahrungen der Lehrerschaft, die sie über Millionen von Jahren gemacht haben. Diese einzeln aufzuzählen ist in unserer Sprache der Dualität nicht möglich und auch nicht sinnvoll. Die Haupttugenden sind jedoch Treue, Wahrhaftigkeit, Hingabe, Liebe, Motivation und Gnade. Und es ist nicht sinnvoll, diese Tugenden den einzelnen Steinen zuzuordnen, weil sie in einem Kreissystem funktionieren. Das heißt, sie tauschen sich untereinander immer wieder aus. Elyah sagt, es sei eigentlich eine unzulässige Verkürzung, dies in die sechs Tugenden zu reduzieren, aber so bekommt man eine Vorstellung davon. Man kann diese Energieform nicht wirklich erklären, da es ein Schwingungsfeld ist, das sich in ständigem Fluss befindet. Eine Zuordnung zu den einzelnen Kristallen würde zu einem Trugschluss führen, wie zum Beispiel die intensivierte Arbeit mit dem 1er-Kristall, wenn ich ein Treueproblem habe. Das wäre nicht Sinn und Aufgabe des Atlantischen Schlüssels III. Und so, wie es nicht möglich ist, eine wissenschaftliche Abhandlung in ein Kinderbuch zu bringen, ist es auch hier nicht sinnvoll, die einzelnen Tugenden näher zu beschreiben und speziellen Kristallen zuzuordnen.

Das Legesystem III in Verbindung mit dem Legesystem II öffnet diese Tugenden auch in uns, denn diese Tugenden haben wir ja auch durch die sechs Völker in uns, nur leben wir sie unterschiedlich.

Für dich ist zum Beispiel der Begriff der Treue ein anderer als für mich, wir beide würden wahrscheinlich sagen, wir sind treue Menschen, aber dein Treuebegriff muss dennoch nicht unbedingt meiner sein. Und das ist ja auch die Ursache vieler Konflikte, sagt Elyah.

Der Atlantische Schlüssel III wirkt auf drei Bereiche ein: Körperlicher Bereich, gesellschaftlicher Bereich, (Beziehung, Familie ...) und spiritueller Bereich.

Diese Ebenen können durch den Atlantischen Schlüssel III verändert werden, nämlich da, wo Christuspräsenz pervertiert wird. Damit ist gemeint: Wenn zwei Menschen in eine Beziehung einsteigen, ist es so, wie wenn sich zwei Sonnen begegnen, sie bringen ihre Planeten mit, und wenn diese aufeinandertreffen, wird eine Menge von Energie frei. Diese Energie ist Christuskraft. Wenn diese verwendet wird, um zu zeigen, ich bin besser oder stärker als du, dann ist das eine Perversion der Christuskraft, die ja dazu da ist, Leben zu erschaffen. Jedoch was wird erzeugt: Eine große Hitze (Konflikt), und man zerstört die Planeten im Umfeld! Wie geht es den Kindern bei einem Streit zwischen den Eltern? Das ist Pervertierung der Christuskraft! Wer ist besser in der Rhetorik, wer hat Recht, wer ... Wir sind mit unserem Schild verbunden, und dieser baut Lügen auf, wie: Mein Partner versteht mich nicht, usw. Also muss ich meine Energie immer so lenken, dass mein Partner mich versteht. Ich bin dann nicht im Sein, sondern nur in einem Film, in der Matrix.

Dieses Legesystem des Atlantischen Schlüssels III ist mit vier Amethysten erweitert, eine genaue Beschreibung folgt in einem späteren Kapitel. In Verbindung mit diesen Amethysten zeigt der Atlantische Schlüssel beiden Partnern auf, um bei diesem Beispiel zu bleiben, wo Christuskraft pervertiert wird. Nicht mit dem erhobenen Zeigefinger, denn indem sich die Schwingung in beiden Systemen erhöht, registrieren beide, wo die Kraft missbraucht wird, schalten ihre Kraft um, mildern die Energie, und so kommt diese nicht in der Schwingung der Zerstörung beim Gegenüber an. Dann ist Austausch möglich, und man muss nicht zwingend dieses Thema ausdiskutieren, und ich kann den anderen so sein lassen, wie er ist. Ich muss dem anderen nicht zeigen, wo es langgeht (auch wenn ich es doch besser weiß, ich doch so gut bin, usw.)!

„Ich bin sauer, verärgert, oder wie auch immer…" ist immer ein Ausdruck der Perversion der Christuskraft, denn diese verbindet sich dann mit dem ICH BIN. Die Drachen sorgen dafür, dass dieses nicht mehr geschieht, Gemini, die Zwillinge in der Dualität, sorgen für einen Ausgleich der Energien, einen Tanz der Erschaffung und nicht der Zerstörung. Nur durch die Schildhaftigkeit gehen wir in die Zerstörung!

Der Atlantische Schlüssel III in Bezug zur gesellschaftlichen Ebene sorgt dafür, dass ihr die Gesellschaftsform, in der ihr lebt, dahingehend verändern könnt, euch von einem Miteinander tragen zu lassen. Elyah sagt, schaut nach Schweden und Finnland und Brasilien, die leben auf einem riesigen natürlichen Amethystfeld, und diese Schwingung wird hochgespielt. Schweden ist ein Modell und Vorbild für soziale Gesellschaftsformen.

Die Amethystschicht ermöglicht die Veränderung des sozialen Verhaltens, die Amethysten sorgen für eine Veränderung der Schildhaftigkeit in deinem System, du wirst sozialer, jedoch nicht zum Diener der anderen!

Die Frage ist, wo kann ich mit meinem Potenzial eingreifen, um heilend einzuwirken.

Der seelisch-spirituelle Aspekt: Die Amethysten verbinden sich mit der Ebene Saphur, der Drachenenergie, und diese sorgt für die Anerkennung deiner nichtlichten Teile, deiner Zwillingshaftigkeit. (Mein Kopf sagt, das wäre richtig, mein Bauch sagt absolut Nein.) Diese Diskrepanz ergibt ein Spannungsfeld, das der kosmische Mensch ausleben kann, und das ist in jedem Menschen enthalten.

Ein Amethyst kann auf das Kronenchakra einwirken und diese Energie des Kosmischen Menschen nach außen bringen. Die violette Farbe ist diesem Chakra und dem Amethysten gemeinsam. Er verbindet sich mit deiner Christuskraft und strahlt diese außen an deinem Schild entlang. Jetzt beginnt sich dein Schild aufzulösen, der Panzer löst sich am eigenen Gewicht auf. Die Zeit ist jetzt dafür reif, wir haben Äonen daran gearbeitet, ihn aufzubauen. Jetzt ist eine gute Möglichkeit, mit dem violetten Licht zu arbeiten, seine Strahlkraft bringt den Schild ebenfalls zur Transformation.

☆☆☆

Der Schild

Elyah erklärte uns den Begriff des Schildes schon kurze Zeit, nachdem sie sich im Jahre 2000 mit Michael verbunden hatte. Diese Beschreibung ist im Buch *Erdenwege* von Trixa und Michael (Lichtradverlag) festgehalten. An dieser Stelle möchte ich eine Erweiterung des Begriffes bringen, um noch mehr Klarheit zu vermitteln.

Das energetische Konstrukt des Schildes wurde durch den Blitz von Karon und die Wesen von Mars initiiert, um den Menschen auch einen Schutz vor der sie umgebenden Matrix zu bieten. Er vermittelt jedoch auch das Prinzip der Trennung, des Sich-Schützen-Müssens und des Nicht-Erkennens.

Der Schild umgibt das gesamte System und ist in Verbindung mit den Chakren. Er bindet an drei Punkten an, nämlich am Stammhirn, das energetisch dem Kronenchakra entspricht, an der Thymusdrüse, wo er eine Verbindung nach vorne und nach hinten bildet, und schließlich an der Schilddrüse, und hier ist die Verbindung wie eine Scheibe, wie ein Ring um den gesamten Schild. Dieser Punkt verbindet den Körper mit dem Schild. Die Energie der Resonanz im Bauch wird direkt in den Solarplexus und somit in den Körper geleitet. In der Schilddrüse wird dann die Hormonproduktion angeregt (Bildung von Adrenalin in der Nebenniere durch einen Impuls der Hypophyse), und die Folge ist dann Angriff oder Flucht.

Die vier Amethyste, die zum Atlantischen Schlüssel III gehören, haben die Möglichkeit, das Adrenalin anzuregen, etwas Kreatives, etwas Positives aus dieser Energie zu machen und nicht, in die Zerstörung zu gehen.

Der Schild projiziert die Kraft wie einen Spiegel auf uns selbst zurück. Wut hat einen selbstzerstörerischen Aspekt, und die Folge kann der Zustand der Autoaggression sein. Diese Energie hat vielfältige Erscheinungsformen und kann sich in einem Übermaß an Schokolade, an Alkohol oder Giften, durch übermäßiges Joggen oder übermäßigen Sport im Allgemeinen auswirken. Den Partner anmachen oder sich bei seiner Freundin ausweinen, sind andere Formen derselben Energie.

Der Schild projiziert diese Kraft nicht nur gegen uns selbst, sondern auch auf unsere Partner: Du bist Schuld, dass es mir jetzt schlecht geht. Das ist eine Lüge, die von deinem Schild kommt, es liegt nicht an deinem Partner, es liegt an dir selbst.

Die Aufgabe des Thymus ist Abwehr und das Aufrechterhalten des Immunsystems. Seine Fühler gehen vorne und hinten auf den Schild und tasten ihn ab. Wo ist eine Aggression, wo könnte Angriff sein? Energien und Ladungen von außen bleiben während des ganzen Tages am Schild hängen, denn dazu ist er ja vorhanden. Bei irgendeinem kleinlichen Auslöser holt man dann die ganze Ladung herein, explodiert und lebt die ganze Energie aus. Der Partner schlägt etwas Positives vor, und man kann dieses in dem Moment auf keinen Fall annehmen, denn man ist vollkommen von diesen Energien überflutet.

Hier greift der Atlantische Schlüssel III an, und man kann sich über die Amethysten entladen. Die Ladung wird transformiert und nicht nach innen gezogen. Eine Entladung in Form eines Gewitters ist nicht mehr nötig!

Auch in einem Gruppenprozess kann die Ladung über die Amethysten abgeleitet und die Christusenergie verwendet werden, um mit diesem Prozess aufbauend umzugehen.

Die Arbeit mit dem Atlantischen Schlüssel III enthebt dich der Muster und Blockadenarbeit! Die Zeit dafür ist vorbei! Nutzen wir doch die Christuskraft, um den Zustand des Paradieses zu errichten. „Nicht an den Worten werdet ihr sie erkennen, sondern an ihren Taten.“ Schaut euch an, wie die Menschen leben, wie gehen sie mit dieser Energie um.

Die Doppelhelix ist in jeder Zelle vorhanden, mit all ihren Eigenschaften. Ein Mensch ist ein Sonnensystem mit Milliarden von Sonnen, die so wunderbar funktionieren, dass belebte Materie entsteht. Vom Kopf, der Medulla Oblongata, bis zum Beginn seiner Beine, dem Skrotum, läuft eine Doppelspirale aus Energie wie eine Stahlfeder. Energetisch geht diese weiter bis in die Erde, die Beine und Füße sind sozusagen der Stabilisator des Erdkanals. Das Chakrensystem liegt ebenfalls innerhalb der Spirale. Wir definieren Chakren gerne als einzelne Punkte, Elyah sagt, das seien säulenartige Gebilde, die innerhalb dieser Spirale gleichberechtigt aneinander liegen, sie sind nicht voneinander getrennt. Sie haben Zwischenbereiche und fließen ineinander über. Diese Spirale, die durch den Körper läuft, ist nichts anderes als ein Sinnbild jeder Doppelhelix in den Zellen, und so hat jeder Mensch seine spezifische Spirale, seinen Abdruck.

Der Schild trennt uns von Energien ab, die außerhalb sind, so zum Beispiel auch von der Schwingung der Fünften Dimension. In besonders heiligen Momenten der Anbindung oder Ekstase bindet sich diese oben an und kommt beim Kronenchakra hinein. Dann strahlt es hinunter bis in den Erdkanal, strahlt dort aus, und man ist in einem kurzzeitigen Zustand des Einsseins. Um diesen Zustand geht es uns allen, nämlich, ihn auf Dauer zu erreichen. Deswegen haben wir Techniken entwickelt, die Energie auch aus der Erde zu holen. Wir tun das aber nicht, sondern holen sie aus dem zweiten Chakra, zum Beispiel über Tantra. Die Erweckung der Kundalini ist nichts anderes als der Versuch, aus dem Schild auszubrechen, um dieses kosmische Einssein wieder zu erleben.

Andere spirituelle Schulen erreichen dasselbe über Engelenergie, indem sie versuchen, die Energie von oben hereinzubringen, aber auch hier ist der Schild.

Das bedeutet, wir schmoren in einem Dampfdruckkochtopf, den Elyah „Schild" nennt. Ab und zu geht das Ventil auf, entweder unten über die sexuelle Energie, oder oben über spirituelle Ekstase. Es geht immer darum, diesen Kreislauf der Trennung zu überwinden. Elyah sagt: „Den könnt ihr gar nicht überwinden, solange ihr von dieser Energie umgeben seid. Wenn ihr den Schild entfernt habt, habt ihr auch diesen Kreislauf nicht mehr nötig, dann seid ihr im Sein, dann spielt es keine Rolle, ob oben oder unten eine Anbindung ist. Hauptsache, die Energie fließt durch, die Kundalini ist erweckt, und das auf Dauer."

☆☆☆

Drachenenergie – Das Herz von Lemurien

Bei einem Seminar im Sommer 2003 über die Drachenwesen, die sich Saphur nennen, erweiterten Elyah und Kiria Deva den Atlantischen Schlüssel mit dem dritten Programm. Elyah nannte es auch das Schlüsselprogramm des Atlantischen Schlüssels und führte uns nach Mu, dem schlagenden Herzen von Lemurien, denn dieses macht die Herzen weit und offen und den Schild dünn.

Seid in der Kraft und seid in dem Licht von Mu, dieses ist Elyah, die zu euch spricht. Hier ist der Urgrund des Wissens des Konstrukts, das wir den Alantischen Schlüssel nennen. Hier ist der Urgrund der Öffnung der Schildhaftigkeit. Denn der Schild entsteht aus Furcht vor der Verletzung durch Nichtakzeptanz der Andersartigkeit, durch Schmerz, den ihr erlebt habt. Der Schild ist eine Energie, und so wie der Drache das schlagende Herz von Mu bewacht, bewacht der Schild eure wunderbare Göttlichkeit. Er ist nicht euer Feind, er diente zu eurem Schutz. Wir verbinden nun euer Herz und euren Schild mit der energetischen Phalanx von Mu, die in der Fünften Dimension schwingt.

Denn diese Energie wurde durch den Blitz von Karon nicht zerstört. Die Gnade der Lichtwesen, der Engel, entrückte dieses Areal in das Gebiet der Fünften Dimension, wo es strahlt und leuchtet und wo euch die Energie eingespeist wird, die ihr Glück nennt. Erkennt und begreift, dass der Wächter mit den Herzen verbunden ist. So ist euer Schild mit euch verbunden, an euren Körpern ist der Schild feinstofflich festgemacht mit Brücken, die ihn stärken, und die eure Systeme mit der Energie des Schildes versorgen. Diese Energie nennt ihr Ego.

Es geht nicht um Zerstörung, es geht um Heilung, und der Drache von Mu darf sich wieder in die Lüfte erheben, der Schild darf wieder abgelegt werden, darf sich in die Lüfte erheben. Er ist nicht länger von Bedeutung, nicht länger Bewohner dieses Bewusstseins Gaia. Lasst uns miteinander erfahren, wie es ist, den Schild abzulegen, wie befreiend er sich darstellt in eurem Sein. Wie es ist, kein Schildmensch mehr zu sein, und wie das Gebet eures Herzens, das ihr seit Jahrtausenden betet, laut wird. Ich will kein In MIR mehr sein, ich will außer mir sein!

Ich will sein, was ich bin: Kosmisches Bewusstsein, endlos und weit, grenzenlos. Ich will der Gesang sein, der sich vereinigt mit dem Gesang des Universums in diese kosmische Hymne, in diese eine wunderbare Symphonie, die du bist, die ihr seid. Vollkommenes Sein.

Die Drachenwesen sind im Sternbild Zwilling (Gemini) beheimatet. Ihre Energie ist liebevoll, weise und dem Leben zugewandt. Die am meisten wahrgenommenen Farbschwingungen sind Gold, Weiß und Rot. Die Drachenenergie ist eine Hochpotenz der Lichtkraft, sie entspricht der Energie des Erzengels Ariel, goldenes Licht, zielgerichtete Energie. Es werde!

Der Kult der Saphur war in Atlantis weit verbreitet und stellte die Verbindung mit der Sternenebene von Gemini dar. Die Saphur sind eine Rasse der Lehrer, eine Energie, die Wissen über Schwingung vermittelt und nicht über gesprochene Worte. Sprechen ist in ihren Augen nur ein Teil der Kommunikation, eine Verkürzung. Die Saphur sind eine Rasse der Lehrer, eine Energie, die Wissen über Schwingung vermittelt und nicht über Teaching.

Der Atlantische Schlüssel III mit den vier Amethysten steht für eine Schwingungsübertragung, die die Saphur Transformation nennen. Die Drachenergie wurde in Atlantis verwendet, um zu transformieren, um Energie in eine andere Ladung zu versetzen, in einen anderen Zustand zu bringen. Sie wurde damals in Amethysten verankert, und diese können sie in der Art und Weise abgeben, wie sie das System des Menschen verträgt. Drachenenergien sorgen dafür, dass sich vorhandenes Potenzial im Körper transformiert, in einen Wechsel gerät, in einen anderen Schwingungszustand kommt.

Nach der Zeit des großen Schlafens ist seit März 2002 wieder eine verstärkte Einstrahlung der Energie der Drachen spürbar und sichtbar. Die Veränderung der morphogenetischen Schwingung sieht man an vielen Filmen und Büchern, die sich mit diesem Thema beschäftigen.

Die Echsenwesen stehen im Universum der Dualität für die nichtlichte Ebene.

Die Programmierung der vier Amethyste

Elyah nennt Michael den Botschafter und verbindet ihn direkt mit dem System der Saphur, um die Amethysten zu energetisieren:

- *Der Amethyst Nummer 1 ist die Verbindung mit der Schwingungsfrequenz von Sirius. Der Stein des ewigen Gesangs, verbunden mit dem Gesang der Buckelwale, mit der Kraft zur Öffnung des Systems, der Kraft des Öffnens der Materie. Die Kraft des Einwirkenlassens und Vertrauens wird über den ersten Amethysten gestärkt und gefördert. Er ist wie das Herzstück oder der Schlüssel des neuen Legesystems. Und die Kraft der Engel, – von Gabriel, Metatron und Uriel – ruht auf diesem Stein. Annahme der Kindschaft Gottes, Annahme des ewigen Einen, Akzeptanz seiner Unendlichkeit. Ewig wie ein Drachenwesen, ohne Anfang und Ende, sich austauschend im Kreis des Lebens, mit allen Sternen, die da sind.*

- *Der Amethyst Nummer 2 ist verbunden mit Andromeda, er trägt in sich Mut zur Erschaffung und ewiges Licht, und die Kraft der Zentralsonne ruht auf diesem Stein. In ihm ist die Kraft der synaptischen Verbindung aller Nervenbahnen, der Reizleitungen eures Körpersystems. In ihm ruht die Kraft der Hingabe, die Kraft loszulassen, Energie frei fließen zu lassen.*

Ihr Geliebten, freie Energie ist in euch, und bitte, lasst sie frei. Sperrt die Kraft der Freiheit nicht ein, sondern lasst sie leben, denn Freiheit in Gefangenschaft stirbt. Dieser Amethyst ist der Freisetzer, die Kraft der Hingabe. In ihm lebt die Kraft des Besuches und des Kontakts zu Atlantis. In den Ringen aus Licht und Kraft kamen die Saphur auf diese Erde. In der Schönheit des Glanzes von Andromeda setzten sie ihre geheiligten Körper nach Atlantis. Der zweite Amethyst ist der Stein der Heilung, der die Beziehung zwischen den Gegensätzen, zwischen den zwei Seiten hält.

- *Der dritte Amethyst ist der Stein der Verbindung. Er ist die Kraft von Ariel, der in goldenem Licht den Entschluss fasst. Er ist verbunden mit der wunderbaren Sternenwelt der Plejaden, die das Fließen in die Zielrichtung bringt und die Kraft der Harmonie und des Wissens von Alcyon und Maya in sich vereinigt. Verbindende Zielgerichtetheit, Kraft der Schönheit, ausgedrückt in den Linien von Nasca (Peru), ausgedrückt in der großen Pyramide von Chitzen Itza (Mexiko) und im Tempel der Hathor von Dendara (Ägypten).*

Janet:
„Und einmal, vor langer Zeit, war der Himmel offen, – in den alten Zeiten von Ägypten. Und da war eines Nachts ein Licht im Himmel, und die Menschen von Ägypten waren erschrocken. Und am nächsten Morgen schauten sie nach diesem Stein, der vom Himmel

gefallen war. Und dieser war ein Amethyst, und sie bauten eine Säule dafür. Auf die Spitze stellten sie diesen Stein, und rund um diese Säule bauten sie einen quadratischen Tempel. Sie sagten: Osiris hat uns diesen Stein mitten in das Zentrum der Kraft in Ägypten geschickt. Und das bedeutet: Vereinigt eure Kräfte, und dieser Tempel wurde der Tempel der Einheit. Es war der Tempel des alten Karnak. Und die Kraft und die Stärke dieses Tempels liegen in diesem Stein.“

- *Der vierte Amethyst ist der Stein der Transformation, der Stein der Unendlichkeit, der Liebe und des Anerkennens der liebreizenden Wesenheit, die du selbst bist. Ein Anerkennen deiner göttlichen Unverwundbarkeit, ein Anerkennen deiner Einheit. Dein Anerkennen des wunderbaren Ausdrucks, der du bist, denn nur im Anerkennen liegt das Licht der Heilung. Dieser Stein ist verbunden mit den Kräften des wunderbaren Sterns Bellatrix. Erkennt, dass die Harmonie des Einen Seins und der Heilung aus dem System ausgeht, das die Manipulation brachte, aus dem System Orion. Leichtigkeit, ewiges Licht, Einheit ist.*

☆☆☆

Die Energie der vier Amethyste läuft konträr, die Steine sollen sich nicht berühren, und man sollte sie getrennt voneinander aufbewahren (oder in rote Seide gehüllt). Sie besitzen unterschiedliche Energieschwingungen, die sich gegenseitig ergänzen, zusammengenommen zerstören sie sich. Sie sind ein Ausdruck der Dualität!

Diese Amethysten könne wiederum alleine, ohne den Atlantischen Schlüssel, verwendet werden. Sie haben die oben beschriebenen Wirkungen und werden auf das Herz- oder Thymuschakra aufgelegt, können jedoch im Bedarfsfall auch an anderen Körperstellen oder Chakren ihre Dienste tun. Wenn wir sie miteinander kombinieren, erschaffen sie folgende Kraftfelder oder Heilungsräume: (Bei zwei Kristallen werden diese auf Basis und Herzchakra aufgelegt, um die Qualitäten in die Materie zu bringen. Bei drei Kristallen stellt man sie in beliebiger Reihenfolge in Form eines Dreiecks auf und legt oder setzt sich in diesen Schwingungsraum.)

1+2

Erschaffen ein Feld des Trostes für Menschen, die sich in einer Energie des Schmerzes, der Trauer oder in einer Depression befinden. Eröffnet die Meridiane von Gesellschaftssystemen oder Gruppen und bringt in diese die Qualitäten der Heilung und des Fließens. Deshalb auch gut geeignet für Abläufe oder Prozesse innerhalb einer Gruppe oder Gesellschaft, sie erhöhen die Frequenz bei Familienaufstellungen und auch bei Clearings.

1+3
Erschaffen ein Feld der Lösung von energetischen Abhängigkeiten zwischen Partnern, Eltern und Kindern, und auch in gesellschaftlichem Kontext. Ein Heilungsfeld, das in die Freiheit führt.

1+4
Diese können zu Erdheilungszwecken eingesetzt werden, sie sind Entstörungssteine und reinigen Räume. Die reine Präsenz dieser Steine, ohne den Atlantischen Schlüssel, hat die Möglichkeit, ein Schwingungsfeld der Heilung und der Reinigung zu erschaffen.

1+3+4
Eröffnen den Kanal zur Ebene von Saphur, zur Ebene der Verbindung.

1+2+4
Erleichtern den Kontakt zu Sternenrassen, im Besonderen zu den Septiden, den Neddek und den Og Min und stellen eine Verbindung zu den Wissensspeichern der Magellanschen Wolke her. Über diese Kristalle ist es auch möglich, die Geheimnisse der Linien von Nasca zu entschlüsseln.

☆☆☆

Der Tempel des Sphinx

Janet führte uns dann durch Michael in folgendes Bild:

Öffnet euren Geist und folgt mir zu den Pyramiden nach Gizeh. Dort lasst einen Tempel unterhalb der Statue, die ihr „Sphinx“ nennt, entstehen. Das ist ein Tempel des alten Atlantis. Unter der Statue zum Eingang dieses Tempels sind vier Wächterstatuen in der Form eines Widders, und auf jedem Kopf dieser Statuen befindet sich zwischen den Hörnern ein Amethyst. Und hier vor euch sind diese Kristalle. Sie errichteten ein Schwingungsfeld. Die Priester und Priesterinnen gingen durch dieses Feld direkt in den Tempel zur Verbindung mit den Sternen. Dieser Tempel war ein langes schmales Gebäude unterhalb der Oberfläche, es stieg sanft an, genau unter die Chephrenpyramide. Dort war ein zentraler Punkt, genau im unteren Teil dieses Oktaeders (jede Pyramide bildet energetisch einen Oktaeder)). Dieses war ein Tempel der Weisheit. Jede Sternenenergie wurde dort verbunden durch das schlagende Herz von Mu und an den Kontinent Urkraton weitergegeben. In diesem Tempel gab es einen Hämatit, einen Obsdian, einen Heliotrop, einen Amethyst, einen Bergkristall, einen Rubin und einen Aquamarin.*

Drei männliche und drei weibliche Wesen stehen in einem Kreis. Und da war der Eine mit dem Obsidian, er

*Oktaeder ist eine Pyramide, die nach unten gespiegelt wird, dadurch 8 Flächen und so der Name Oktaeder.

hält ihn in seinen Händen und trägt eine Krone aus Kuhhörnern. Sie waren aus Gold und dazwischen befand sich die Sonnenscheibe. In späteren Zeiten wurde diese Krone zum Symbol der Hathor. In dieser alten Zeit war es jedoch der Spiegel der Sternenenergie. Und in diesem Spiegel kam die Sternenenergie herunter zu den Kristallen, den männlichen und den weiblichen. Und diese errichteten die Quintessenzen.

So sind diese Steine direkt verbunden in der Kraft der Arbeit mit dem Atlantischen Schlüssel. Sie vereinigen in sich die Essenz der Aufgestiegenen Meister, sie vereinigen in sich die Essenz der sieben Lichtstrahlen, und sie vereinigen in sich die sieben mentalen Strukturen des Menschen. (Ein Sinn ist nur dann ein Sinn, wenn es einen Sinn ergibt.) Sie vereinigen in sich die sieben Grundgefühle, und sie vereinigen die sieben Sternenenergien, die das Leben in der Dritten Dimension entwickelt haben. Die Sternenenergien wiederum vereinigen in sich diese Qualität des Lebenerschaffens in der Dritten Dimension.

Dieses war eine Vorbereitung auf eine Erweiterung des Atlantischen Schlüssels „Sternensteinessenzen“, wie sie Elyah genannt hat. Sie können in Verbindung mit dem Schlüssel angewandt werden, jedoch auch ohne ihn. Elyah hat uns in der Zwischenzeit noch viele weitere Informationen dazu gegeben, die in einem anderen Buch zusammengefasst und veröffentlicht werden.

Ich möchte dieses Bild des Tempels noch näher erklären:

Der Gang von der Sphinx zur Pyramide ist, laut Archäologen, ein Teil des Totentempels, laut Elyah stellt dieser Evolution dar. Die Chephren-Pyramide ist ein Oktaeder, und das ist der Baustein sämtlichen Lebens in allen Sternensystemen, auch in den Zellen und in der atomaren Struktur.

Unter der Sphinx befindet sich ein Tempel, ein rechteckiger Raum mit jeweils sechs Gemälden, welche die zwölf erdähnlichen Planeten darstellen. Elf der „Gottheiten" tragen ein Gesicht, die zwölfte, Gaia, noch nicht, denn die Evolution ist hier noch nicht abgeschlossen. Das Experiment Mensch gab es schon elfmal, und wir haben es schon elfmal geschafft, dieses Experiment zu vermasseln.

Unterirdisch vor diesem Tempel ist der Eingang, und dieser ist gekennzeichnet durch vier Gottheiten, ein Symbol für die vier Elemente. Diese sind in Form von Menschenkörpern dargestellt, die aufrecht stehen und einen Widderkopf tragen. Sie sind Standbilder von Geeb, dem Gott der Erde. Sie tragen auf ihrem Kopf zwischen den Hörnern einen Amethysten, und diese vier Amethyste errichten wiederum eine pyramidale Konstruktion. Die Priester mussten an diesen vier Wächtern vorbei und kamen in den Schnittpunkt der Energie, der auf der Erde lag. Denn es geht darum, die Erde in der Materie zu erleben. Das muss erfahrbar sein. Sie gingen in dieser Verbindung, die eine absolute Zentriertheit darstellt, an der Geschichte der erdähnlichen Planeten vorbei und stiegen auf in den Tempel der Weisheit, in die Urform allen Lebens, in den Oktaeder unter der Chephren-Pyramide. Dort befand sich ein weiterer Raum mit den sieben oben erwähnten Wesen und den Kristallen. Der Gang ist wie ein Initiationsweg, wir würden heute Inkarnation dazu sagen: Der Weg durch das Leben, hin zur kosmischen Weisheit.

Dort wurde die Schaffung des Kosmischen Menschen initiiert. Man ging durch die Zentrierung (die vier Wächter mit den Amethysten) und dann an der Geschichte der erdähnlichen Planeten vorbei (um sich zu erinnern, was damals falsch gelaufen ist), und dabei wurde einem noch ins Bewusstsein gerufen, die lichten Ebenen (die Fünfte Dimension), muss in die Materie, muss in die Erde gebracht werden. Der Kosmische Mensch ist ein Materiebewusstsein.

Janet sagte einmal: „Ihr strebt immer nach eurem Lichtkörper, ihr strebt nach Höher, Besser, Weiter. Eure Materie ist jedoch ein Sinnbild für absolut verdichtetes Licht. Ihr strebt also weg von dem, was ihr schon erreicht habt. Sich zu inkarnieren gehört zu den höchsten Energieleistungen, die eine Seele vollbringen kann."

Dieses Streben kommt durch die Manipulation des Blitzes von Karon. Ich will nach Shambala, ins Licht, das ist jedoch in jedem Menschen enthalten und nicht irgendwo außerhalb zu finden.

Bei diesem Tempel geht es darum zu erkennen, dass wir in den zwölften Zyklus hineingegangen sind, um all das auszuheilen, was wir bis jetzt getan haben. Auf dem unteren Tempel liegt der Sphinx, der Löwe, das Symbol der Fünften Dimension, der Grenzenlosigkeit, des Ineinander-fließen-könnens.

Man geht an diesen Bildern vorbei und vergegenwärtigt sich, was damals schief gelaufen ist. Das bedeutet nicht, es zu bekämpfen oder auszuradieren, sondern es einfach anzuerkennen. Diese Bilder stehen auch für unsere Muster, unsere Blockaden oder Probleme, sowohl spirituell, als auch in unserem Alltagsleben. Elyah bittet uns, uns nur noch daran zu erinnern, jedoch nicht unsere Energie dorthin zu geben, denn das haben wir immer getan. Wir haben immer versucht, die Bilder umzumalen oder in irgendeiner Form zu bearbeiten. Deshalb sind auch so viele Menschen müde, weil sie sich kaputt verändert haben. Dadurch finden wir jedoch das eigentliche Sein nicht mehr.

Nun zum Inneren des Tempels unter der Pyramide: Es ist die Wiege des Kosmischen Menschen, und diese entstand aus der Mischung aller Völker in Atlantis.

Es befanden sich sieben Personen in diesem Tempel, drei Priester und drei Priesterinnen, die sich gegenüber standen und die sechs Kristalle in der Hand hielten. Eine Person ist androgyn, sie hat die Krone aus vergoldeten Kuhhörnern mit der Sonnenscheibe auf ihrem Kopf und den Obsidian in der Hand. Von dieser Sonnenscheibe aus gehen die sieben Strahlen in ihre Farbqualitäten und berühren jeden einzelnen Stein. Dadurch bildet sich ein Kreis von Energie in den Farben eines Regenbogens und vereinigt sich schließlich im Regenbogenobsidian, und von dort aus geht wieder ein Lichtstrahl zu dieser Sonnenscheibe, und dann in den Kosmos. Das ist die Wirkungsweise laut Elyah!

Die sechs Kristalle des Atlantischen Schlüssels stehen für die sechs Völker von Atlantis. In der Initiation stehen die vier Amethyste als Gesamtheit für den Eingang zum Sternenwissen und für die Bereitschaft, dieses auf die Erde und damit in die Materie zu bringen.

Bei der Arbeit mit dem Atlantischen Schlüssel III geht es nicht um die Auflösung von Mustern, sondern um die Akzeptanz der eigenen göttlichen Natur. Es geht darum, diese für dich wieder erfahrbar zu machen. Deine Geschichte gab dir die Kraft, in deiner Christuspräsenz diese Bilder zu übermalen. Der Atlantische Schlüssel III kratzt die Patina weg und das, was darunter liegt, kommt zum Vorschein.

Wenn ein Goldkrug erschaffen wird, wird das flüssige Gold in eine Form aus Erde, Lehm oder Ton gegossen. Die Form, in die du dich gegossen hast, ist Erde, ist Gaia. Über den Atlantischen Schlüssel III blättert die Patina ab und das Gold kommt zum Vorschein, und das ist kein schmerzhafter Prozess, sondern eine notwendige Entwicklung, weil es die „Not wendet". Aber wir gehen weg von dem Begriff Not und gehen hin zum Kern, und der ist bei jedem von uns golden.

Elyah entbindet uns jetzt einfach von einem Teil unserer spirituellen Arbeit. Wie definieren wir uns denn, wenn wir nicht mehr an uns arbeiten können und einfach nur mehr im Sein sind?

Dann merken wir endlich, warum wir hier sind, wir sind ein goldenes Gefäß, das gefüllt ist mit Christuskraft. Und diese ist dazu da, Materie zu bewegen, zu verändern, Ideen zu entwickeln – für eine harmonische Gesellschaft, ein harmonisches Miteinander, für Liebe in jeglicher Form. Es werde Licht. Genau um diese Qualitäten geht es im Atlantischen Schlüssel III.

☆☆☆

Die Sternensteinessenzen

Diese sieben Steine sind die Sternenenergien und symbolisieren die Sternenheimaten dieser Völker. Elyah nennt sie die Quintessenzen der Sternenenergien. Der Regenbogenobsidian ist der Vermittler, und mit einer kurzen Beschreibung seiner Qualitäten möchte ich beginnen:

Erster Stein – Regenbogenobsidian: Medima

Er stellt die Verbindung zum Volk der Medima aus der Sternenebene Rigel her, einer Sonne im Sternbild Orion.

Rigel stand vor der Zerstörung für Heilung, Harmonie und Einswerdung. Dort begann die Manipulation, und von dort aus kommt jetzt auch der Impuls zur Heilung.

Die Medima konnten nur in der Pyramide von Poseidonis überleben, weil sie eine eigene Atmosphäre und Energie brauchten. Sie waren die Vermittler des kosmischen Wissens. Die Geistige Welt nannte sie immer die „Medien von Atlantis", und sie brachten die Sternenenergien in den Ausgleich (das androgyne Wesen mit den Kuhhörnern und der Sonnenscheibe). Der Obsidian verbindet mit der Pyramide von Poseidonis und reinigt den Wahrnehmungskanal, bringt ihn in den Ausgleich.

Diese Sternensteinessenz verschafft die innere kosmische Freude am Sein und löst Missverständnisse im System auf. Dieser Stein bringt den Ausgleich aller Sternenkräfte, die zur Entwicklung der Materie geführt haben. Elyah nennt diesen Zustand „Mediales Sein", – in der Balance zwischen allen Sternenkräften zu sein. Die Essenz von Rigel erschafft Materie in Verbindung mit geistigem Bewusstsein und hilft bei der Erkenntnis, Materie und Geist sind eins. Sie bringt dich in den Ausgleich deiner körpereigenen Schwingung, da du ein Konstrukt aus sechs Sternenkräften bist.

Zweiter Stein – Hämatit: Sundan

Der Hämatit (oder Bluteisenstein) verbindet mit der Energie des Pferdekopfnebels, einer Energie der Rezeptivität, des Aufnehmens der Kräfte zur Evolution.

Diese Essenz steht für den Mut, den Verband zu verlassen und als eigener Stern die Nacht zu erhellen (Sterngeburt). Sie steht auch für den Mut zur Inkarnation, schafft Vertrauen in den eigenen Weg und bringt dich in die Unabhängigkeit von der Meinung anderer. Er wirkt stark auf das Emotionalfeld. Diese Energie des Mutes brauchen wir, um unser kosmisches Sein annehmen zu können. Wir müssen endlich damit aufhören zu glauben, das kosmische Bewusstsein würde in uns hineingegossen oder uns durch irgendwelche Praktiken oder Übungen „überkommen". Es ist schon längst in uns drin, und wir befinden uns wie Dornröschen im 100jährigen Schlaf. Der Hämatit bringt dich in die Annahme deiner eigenen evolutionären Kräfte, und diese bringen Frieden im System. Alles ist gut!

Der Hämatit sensibilisiert für die Magnetfelder, die uns bereits jetzt umgeben und in den kommenden Jahren stärker werden. Bei Erdheilungsarbeiten geht es oft darum, das Erdmagnetfeld wieder in die alte, uratlantische Schwingung zurückzubringen. Dieses hochsensible Gleichgewicht wurde durch den Blitz von Karon gestört, was auch zu einer Verschiebung der Erdachse führte. Wir sind Kinder dieser Erde, und die Erde als Planet ist das im Großen, was wir im Kleinen sind. Der Hämatit hilft auch, unser Magnetfeld auf das kosmische Sein auszurichten, damit wir nicht als kosmische Wesen um die Sonne unseres Lebens eiern, sondern gleichmäßig fliegen. Er hat eine positive Wirkung auf die Entgiftung im Körper.

Dritter Stein – Bergkristall: Atlanter

Dieser Kristall verbindet mit Aldebaran, einer riesigen Sonne mit starker Schwingungsphalanx, die in Kreisen oder Spiralen und nicht als zielgerichteter Strahl wirkt. Diese Wellen erreichen uns alle 6,31 Minuten. Wir sind mit diesem System stark verbunden, und daher ist dieses eine Welle der Reise.

Der Bergkristall nimmt diese Schwingung von Aldebaran auf. Über diese Verbindung, Bergkristall und Aldebaran, entsteht ein Wellenteppich, eine durchwobene Wellenstruktur wie ein Wabenmuster, eine Welle vom Kristall, eine Welle von Aldebaran. Über diese Wellenstruktur war das Errichten von Lichtschächten zu anderen Bewusstseinsebenen möglich, und darüber kamen diese zu uns und wir zu ihnen. Deshalb eine Schwingungsphalanx der Reise, des Austauschens von Energie. Diese Essenz erweitert das spirituelle Bewusstsein und öffnet das Bewusstsein über die Erkenntnis des solaren Seins. Sie macht die *ICH-BIN-Struktur* im körperlichen System erfahrbar; stärkt das Bewusstsein: Ich glaube nicht an Wunder, ich bin eins; erlöst Angstprogramme aus Inkarnationserfahrungen, die dich hindern, dein *ICH BIN* zu sein. Eröffnet in dir die DNS-Strukturen von Atlantis, was unter anderem Teleportation und Telekinese bedeutet, leitet die Schwingungssequenz der Körperveränderung ein; erweckt die Erinnerung an die Zeit vor dem Blitz von Karon, denn diese ist in uns gespeichert, und es geht nur darum, die Patina abzulösen und das goldene Gefäß freizulegen.

Vierter Stein – Rubin: Lemurier

Der Rubin verbindet uns mit der Magellansche Wolke. Sie ist relativ nahe an unserem Sonnensystem und hat, laut Elyah, unsere Milchstraße und somit auch unser Sonnensystem erschaffen. Sie ist eine Ballung hochstrahlender Energie mit implosiver Kraft, der Energie des In-sich-Zusammenziehens. Das ist auch die Energieform des Kosmischen Menschen, alles auf sich zu vereinigen, während Explosion zerstört und teilt.

Dieser Kristall seht für die Essenz der Seele, die dazu da ist, Aspekte zu vereinigen, Lebenswege einzuspeichern und zu verbinden in der Quelle allen Seins. Die Quelle gibt uns die Kraft, alles in uns zu vereinigen. Der Rubin als Träger dieser Essenz hilft, Resonanzen nicht in Prozessen aufzulösen, sondern die Ladung in deinem eigenen System zu vereinnahmen, wodurch du diese Energie als erschaffendes Potenzial wieder geliefert bekommst und nicht als Abwehr, denn Resonanz erzeugt immer Abwehr. Der Rubin verändert die Schwingungsphalanx deiner Seele in deinem Körper und in deinem emotionalen Feld. Das heißt, er hungert den Schild aus, weil die Resonanz ein Triebmotor des Schildes ist. Er verbindet mit Lemurien, und das bedeutet, in Harmonie zu sein mit Allem-Was-Ist. Das ist der Urgrund der Weisheit und keineswegs langweilig, denn es erweckt die Neugierde auf Leben. In der Matrix wird diese zwar geweckt, aber nie befriedigt, und das erzeugt Mangel.

Der Rubin hat auch die Eigenschaft, Mangelphalanxen aufzulösen. Sowohl im Körper, als auch in der Psyche und in der Spiritualität. Das Gegenteil von Mangel ist nicht die Fülle, denn du kannst einem Menschen alle Fülle der Welt zur Verfügung stellen, er wird dennoch immer im Mangel bleiben.

Der Rubin verbindet mit der kosmischen Harmonie, und die ist auch in unserer DNS gespeichert, und wir spüren diese auch von Zeit zu Zeit. Es geht um das Vermehren und darum, uns an den Urzustand zu erinnern, das goldene Gefäß, das wir <u>sind</u> und nicht irgendwann sein <u>werden</u>. Der Rubin bringt diese Erinnerung in der zellulären Struktur wieder hoch. Eine ehemals gesunde Zelle, die jetzt vielleicht den Zustand einer kranken Zelle lebt, indem sie zerstört, darf sich wieder an ihren Ursprung erinnern. Und die Zelle wird bemüht sein, an ihren Ursprung zurückzukehren, weil das ihr natürlicher Zustand ist. Der Rubin stellt diese Verbindung her, die implosive Kraft der Magellanschen Wolke in der Zelle erfahrbar zu machen. Anti-Aging ist zum Beispiel auch von der Magellanschen Wolke inspiriert, denn der Rubin steht auch für die Ewigkeit.

Fünfter Stein – Amethyst: Nerom

Die Kraft von Skorpion ist eine Energie der Veränderung. Das Gift der Skorpione führt zur Auflösung oder Transformation.

Transzendieren bedeutet, durchlässig zu werden, nicht mehr so dicht sein zu wollen und dadurch: Ich will kein *In Mir* mehr sein (= autistisch)! Um ein *In Mir* zu sein, muss ich mich abgrenzen, und dazu brauche ich einen Schild. Transzendenz bedeutet, ich ermögliche dem Licht, das du bist, mich zu durchdringen, und ich weiß, dass dieses Licht, das mir begegnet, göttlicher Ausdruck vollkommener Liebe ist. Ich impliziere keinen Angriff mehr, denn nur wenn ich ein *In Mir* bin, greift mich alles an, ist alles fremd und bedrohlich. „Ich habe dir so vertraut, und du hast mich so verletzt!" Diese und ähnliche Erfahrungswerte, verbunden mit unserer Christuskraft, erhalten das *In Mir*, erhalten den Schild, und das ist EGO!

Die Essenz von Skorpion im Amethysten macht den Schild durchlässig, und wir benötigen diese Energie in all unseren Körpern, um den Zustand der kosmischen Menschwerdung zu erleben. Ein *In Mich* kann es sich nicht vorstellen, ein transzendierendes Wesen zu sein. Der Amethyst erhellt und erschafft um dich, um deine Physis, den Lichtkörper, denn das ist ein transzendentes Gefüge. Das kann man nur durch die Energie des Transzendierens erreichen: „Ich lasse dein Licht durch mich hindurch." Man kann es nicht erchanneln, erfasten oder ertanzen. Ich lasse mich berühren, denn nur in der Berührung ist kosmische Begegnung möglich, und die ist freudvoll! Der

Amethyst transformiert die Erinnerung in die Bereitschaft der Begegnung oder Berührung, – macht euch angreifbar! Dabei fließt Energie, und diese lehrt mich, zu verstehen. Diese Eigenschaft hatten die Nerom, sie waren Vermittler zwischen Kulturen. Auch Atlantis befand sich bereits in der Dualität, jedoch wurde diese noch nicht bewertet. Beide Kräfte waren gleichberechtigt und nicht verfeindet. (Es gab zwölf Bruderschaften mit je einem lichten und einem dunklen Teil, und diese waren in absoluter Harmonie, wie Yin und Yang.)

Wenn ihr mit dem Amethysten arbeitet, kann es zu körperlichen Reaktionen kommen, das heißt aber nicht, dass ihr sterbenskrank werdet, sondern Leiderfahrung als Erinnerung der Matrix der Dritten Dimension wird transformiert. Die natürliche Reaktion eines Systems ist dann, den Amethysten zu entfernen, womit wir uns jedoch die Möglichkeit zur Transformation nehmen. Elyah empfiehlt, mit diesem Stein in kleinen Dosen zu arbeiten, ihn nur kurz zu tragen, um sich an diese Kraft zu gewöhnen.

Dieser Amethyst der Sternensteinessenzen birgt in sich die Qualitäten der vier Amethyste, wie sie oben beschrieben wurden. Er teilt sich in seiner atomaren Struktur auf und kann so die verschiedenen Programme vereinigen. Diese Fächer haben nichts miteinander zu tun, verbinden sich aber bei der Anwendung, und trennen sich sofort wieder.

Sechster Stein – Aquamarin: Seffar

Die Verbindung zu den Seffar ist leicht zu erkennen. Sie sind Wasserwesen und hatten Städte unterhalb der Wasseroberfläche in Meeren, Flüssen und Seen. Dieses Volk kommt von Alcyon, einer Sonne in den Plejaden. Das Wasser ist der lebenswichtige Stoff, unser Körper besteht zu einem Großteil daraus, und wir beginnen unsere Entwicklung schwimmend in der Gebärmutter. Ihre Energie ist in uns allen, denn wir haben ihre DNS zu mehr als einem Sechstel in unserer. Wenn wir diesen Anteil komplett öffnen, können wir uns dafür entscheiden, auch unter Wasser zu atmen. Dann können wir über unsere Lungen den Sauerstoff aus dem Wasser filtern. Auch diese Eigenschaft hat der Kosmische Mensch.

Der Aquamarin bringt Schlacken im Körper zum Fließen, damit sind nicht nur Stoffwechselprodukte gemeint, sondern auch mikrokristalline Formen von Erinnerungen, die dein Körper in der Muskulatur oder im Blut bildet, und diese mikrokristallinen Erinnerungen werden durch die Energie der Plejaden ausgeschwemmt. Dieser Stein hat die Möglichkeit, Körpergewebe zu entwässern, dabei kann auch Kalium ausgeschwemmt werden. Deshalb bitte den Kaliumhaushalt beobachten, damit hier kein Mangel entsteht.

Der Aquamarin bringt auch den seelischen Auftrag ins Fließen, den Weg deiner Seele hinein ins Bewusstsein. Dinge, die sich die Seele vorgenommen hat, werden dir bewusst, und es entsteht ein Sehnen, diese umzusetzen. Der Kristall hilft dann auch bei der Umsetzung. Er gibt die

Kraft, in deiner jetzigen Lebenssituation die Energie deiner Seele umzusetzen und sie in die Materie zu bringen.

Du tauchst in die aquamarinfarbenen Städte der Seffar ab. Du gehst in deine Tiefe, wo du sie entdeckst und erkennst, dass es in der Tiefe hell ist. Er bringt dich mehr und mehr an deinen göttlichen Kern. Er hilft, mit den Seelenplänen deiner Lebenspartner(-in) abzugleichen, wobei konträre Energien aufgelöst werden. Indem du in deine Tiefe gehst, kommst du immer mehr an den Ursprung, der euch <u>beide</u> kreiert hat, und ihr werdet euch beide immer ähnlicher. Und das ist gut. Elyah nennt es: „Lernfeld der Einheit“ oder „Assimilation“. Es geht nicht um Gleichmacherei, sondern um Angleichung: Du bleibst ein spezifisches System! Es geht um das Ausgewogensein der Energien. Das erleben wir im Seelenaspekt, in den Verträgen, die Seelen miteinander haben, und in Möglichkeiten, die Seelen miteinander darstellen. Er bringt dich in deine Tiefe, löst die Angst auf vor: „Ich will nicht in mein Sein, denn wenn ich in mein Sein komme, habe ich die Verantwortung für mein Leben.“ Er löst die Schuldfrage. „Ich kann nicht mehr sagen, dass DU verantwortlich bist, dass ich so bin (meine Mutter, mein Mann, mein Chef und so viele mehr).“

<u>Siebter Stein – Heliotrop: Mirina</u>

Dieser Kristall verbindet mit Andromeda, einem Sternentor, über das wir seit ungefähr 6,5 Millionen Jahren inkarnieren, seit dem Anfang unserer Inkarnationswelle, wie Elyah es nennt. Dieser Nebel strahlt in alle

Welten aus, und so inkarnieren nicht nur wir in der Dritten Dimension über dieses Tor, sondern auch andere Sternenwesen kommen über Andromeda. Und das schafft Einheit. Auch Elyah ist über dieses Tor hereingekommen.

Die Energie des Heliotrop bindet dort an und zieht, wie ein Magnet in der solaren Kraft der Erschaffung, alle Seelenanteile zurück auf einen Punkt und strahlt sie auf deine jetzige Ebene in der Dritten Dimension ein. Das ist wichtig, damit du als Kosmischer Mensch im Vollbesitz deiner seelischen Anteile bist, weil du nur dann nicht mehr über Sternenkräfte manipulierbar bist. Du bist nur dann manipulierbar, wenn du diese Anteile verteilt hast.

Der Heliotrop ermöglicht dir, deine Inkarnationsanteile von allen Sternenebenen in deinem jetzigen Sein in der Dritten Dimension zu bündeln. Wir alle haben Seelenanteile auf unseren Sternenwegen zurückgelassen, die Seele hat sich aufgeteilt und ist in verschiedenen Aspekten verstreut (Multidimensionalität). Um aber die Dritte Dimension als Kosmischer Mensch zu heilen, brauchen wir diese Anteile zielgerichtet und auf einen Punkt gebracht. Er bringt diese gesammelten Energien in die Tiefe, und von dort können sie sich über die Qualitäten der Seffar an der Oberfläche entfalten.

Im Wort Heliotrop steckt das Wort Helios, die Sonne. Es ist der Sonnenstein, obwohl er grün-rot ist. Er ist ein äußerst machtvoller Stein und wurde bei vielen Völkern als Heilstein benutzt (blutstillend).

Der Heliotrop sorgt dafür, dass die Frequenz der Mirina und aller anderen „Eltern“ sich in uns wieder öffnet. Es geht nicht mehr darum, angebunden zu sein, denn das bedeutet gefesselt. Es geht darum, verbunden zu sein. Und verbunden zu sein ist ein freiwilliger Akt zwischen einzelnen Sternenenergien. Es ist kein Übergriff; diese Zeiten sind vorbei. Auch Anteile, die im Feen und Elfenbereich sind, kannst du so zurückholen. Es geht also darum, diese Anteile hier zu nutzen, da du sie hier brauchst.

Diese Auflistung ist ein kurzer Abriss über die vielfältigen Qualitäten der Sternenkristalle. Diese Steine sind die Träger der Sternenessenzen, weil sie durch ihr atomares Gitter, durch ihre natürliche Schwingung auf der Erde, bereits mit diesen Ebenen verbunden sind.

Elyah hat uns mit diesen Sternensteinessenzen einen weiteren Weg, eine weitere Möglichkeit gegeben, uns an unseren Ursprung, an unser Wissen und auch an unsere Zukunft zu erinnern. Diese Kristalle können nur zu den Sonnenwenden in einem aufwändigen Prozess programmiert werden. Elyah lädt diese Kristalle in direkter Anbindung an die einzelnen Transponder der verschiedenen Sternenebenen auf.

Dieses System ist ähnlich weitschichtig und vielfältig wie der Atlantische Schlüssel und trifft sich beim dritten Programm mit diesem. Hier besteht die Möglichkeit, beide Systeme gezielt miteinander zu verbinden, was beim dritten Legesystem des Atlantischen Schlüssels III beschrieben wird.

Bei der Einzelanwendung der Sternensteinessenzen wird der Regenbogenobsidian als Vermittler immer mit den anderen kombiniert: Es geht hier um den kosmischen Ausgleich. Er liegt immer auf dem Tempel des Lebens, und das entspricht dem Herzzentrum. Ein zweiter Stein, mit dem behandelt wird, liegt auf dem Solar Plexus. Diesen zweiten Stein wählt man intuitiv, je nach der Thematik des Klienten, aus.

Eine Behandlungseinheit dauert nur ungefähr fünf Minuten und kann dreimal innerhalb von vierundzwanzig Stunden wiederholt werden. Bitte nicht öfter, um das energetische System des Menschen nicht zu überfordern.

☆☆☆☆☆

Atlantischer Schlüssel III.1
Der Kreis der Drachenenergie

Die Aktivierung des Atlantischen Schlüssels III.1 erfolgt wiederum durch einen Befehl an den 6er-Kristall oder auch durch die spezielle Legeweise der Kristalle, wobei sozusagen eine Selbstaktivierung erfolgt.

Die Kristalle des Atlantischen Schlüssels werden wie folgt aufgebaut:

Auf der linken Seite des Klienten
- Der 1er steht links neben dem Kopf.
- Der 2er steht links neben dem Basischakra.
- Der 5er steht links bei den Füßen.

Auf der rechten Seite des Klienten
- Der 4er steht rechts neben dem Kopf.
- Der 3er steht rechts neben dem Basischakra.
- Der 6er steht rechts neben den Füßen.

Und das ist Janet, die zu euch spricht. Hört auf die Worte und öffnet euer Herzzentrum für die Energie der Worte. Ihr seht, dies sieht ähnlich aus wie die Konstrukte, die wir Steinkreise nennen. Wir bezeichnen sie Henges, und das bedeutet „geschützter Raum“. Das ist eine Form, die in der Zeit von Atlantis durch die Medien geschaffen wurde. Jeder Stein, den ihr hier um diesen Menschen liegen seht, steht für ein Volk aus der Zeit von Atlantis.

Und nun passiert Folgendes: Sie errichten ein energetisches Konstrukt, das im Klienten einen Hauptpunkt, einen

Fokus der Energie kreiert. Direkt in der Spirale, die er kreierte, als er in diese Inkarnation gekommen war (DNS). Und nun braucht ihr den roten Turmalin, um diesen zentralen Punkt zu markieren. Und dieser Fokus ist hier, oberhalb des Solarplexus.

Die Linien der Energie laufen nun von den Kristallen zu diesem Punkt. Dort ist der Hauptpunkt, es ist wie der solare Spiegel zwischen den Hörnern der Priesterin, wo sich die Energie fokussiert. Die Energie fließt direkt in diesen Spiegel und geht geradewegs durch den Solarplexus, und weiterhin durch den Körper hinunter in die Erde. Es ist wie eine besondere Lichtsäule, die dadurch entsteht.

Nun kommen noch zwei Amethyste, der 1er und der 3er hinzu.

- Der 1er kommt zum rechten Fuß, und
- der 3er kommt zur linken Schulter.

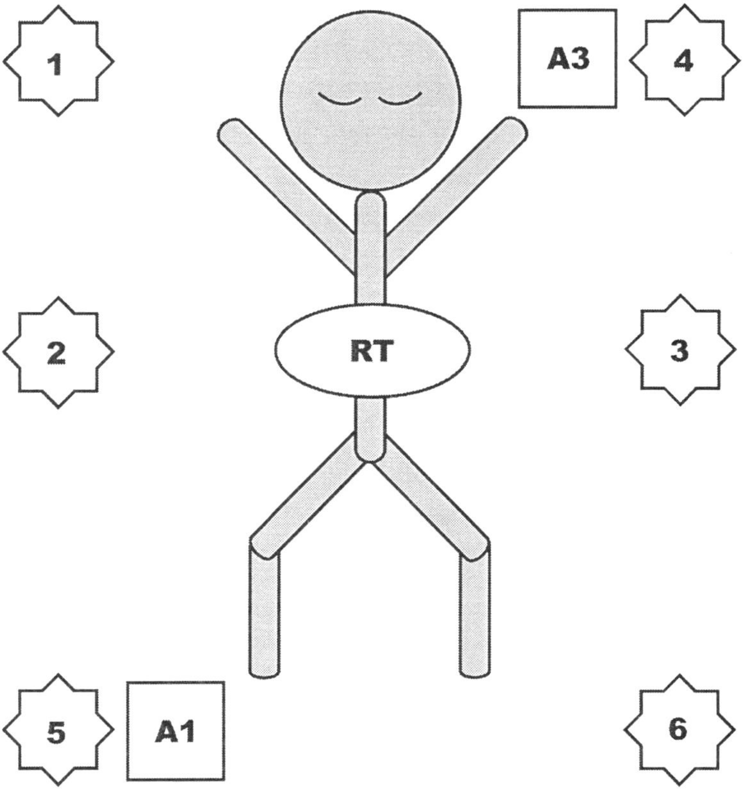
1
A3
4
RT
2
3
5
A1
6

Diese Energien sind gegensätzlich, die zwei Amethyste bilden einen Gegenpol. Das ist wie eine Säule von Gaia, der 1er ist wie das Element Feuer und der 3er wie das Wasser, sie erzeugen eine Energiewelle. Und was geschieht, wenn ihr Feuer und Wasser zusammengebt? Es entsteht ein Zischen und Dunst und Nebel. Was wir nun zu tun haben ist, diesen Nebel zu teilen, um diese Energien im Klienten zusammenzubringen.

Wir fokussieren nun mit diesen beiden Amethysten die eigene Kraft des Klienten. Wir bringen sie auf den Punkt, und der Fokus bedeutet: Ich werde gehen, ich werde zur Christuspräsenz in mir gehen, und ich erlaube mir nicht mehr, durch irgendeinen Nebel zu gehen. Ich tue es in der Verbindung mit allen Rassen, die mich erschaffen haben, ich bin mit ihnen *Eins*. Und ich bin in einer besonderen Übereinstimmung mit ihnen. Ich bringe die Energie der Amethysten zum Fokus, und die Energie kommt zum Solarplexus, und das bedeutet: Sie verbindet mich mit der Turmalinebene des roten Turmalins, mit der Ebene des schlagenden Herzens von Mu.

Die Folge ist: Der Mensch ist nun verbunden in den gegensätzlichen Kräften von Feuer und Wasser im schlagenden Herzen von Mu, und das bedeutet: Er ist verbunden mit den Sternenenergien, mit der Weisheit, die ihn erschaffen hat. Er ist verbunden mit der Quelle Allen Seins, und er hat die Erlaubnis, in einer neuen Art zu handeln, und er gibt sich diese Erlaubnis in dieser Kraft jetzt selbst.

Die Energie, die hier fließt, ist das Gegenteil dessen, was im Menschen läuft, und diese Gegensätze machen uns reizbar. Und wir nehmen nun diesen Ärger von dem Menschen. Es gibt Schmerzpunkte, Druckpunkte, wo sich diese Kraft manifestiert hat. Was ihr tun müsst ist, diese leicht zu massieren und den Körper leicht und sanft zu bewegen. Dadurch kann seine Energie nun wieder ungehindert fließen. Der Klient soll nicht mehr auf die alten Schmerzen in seinem Herzen hören, sondern auf die Freude und die Kraft, die in ihm sind.

Breite deine Drachenflügel aus und mache einen Flug des Lichts. Jetzt!

Das bedeutet, gehe in deine Ermächtigung als kosmisches Wesen mit dem Erbe der sechs Sternenrassen. Erkenne deine Kraft und Ermächtigung und siehe, du bist imstande, die Nebel zu teilen und dadurch frei zu sein von alten Erfahrungen, die dich verschleiert und benebelt hielten.

☆☆☆☆☆

Der Atlantische Schlüssel III.2
Sequenz zur Ablegung der Schilde

Der Atlantische Schlüssel III.2 ist ein Legesystem in mehreren Schritten, um den Schild porös und durchlässig zu machen und ist besonders geeignet, wenn sich starke Spannungsfelder im Außen zeigen. Durch diese Kristallsetzungen entsteht das „Lernfeld der Einheit". Wenn alle Schritte dieses Legesystems in Folge gelegt werden, läuft dieses Programm zur Ablegung des Schildes bis zum Jahr 2012 durch und kann nicht mehr gestoppt werden! Es empfiehlt sich, den Klienten auf den Boden zu legen, oder, wenn er auf einer Liege liegt, die Kristalle auf der gleichen Höhe wie die Liege zu positionieren.

III.2.1.

Die Kristalle des Atlantischen Schlüssels stehen wie beim Legesystem III.1

Die vier Amethyste werden wie folgt aufgestellt:

- Der 1er steht unter dem rechten Fuß.
- Der 2er steht rechts neben dem Kopf.
- Der 3er steht links neben dem Kopf.
- Der 4er steht unter dem linken Fuß.

Der Amethyst Nummer zwei steht in Verbindung mit Nummer vier, und der Amethyst Nummer 1 mit dem 3er.

Man verbindet den Menschen mit der Erde, und es geschieht das gleiche, was bei den Wächtern vor dem Tempel unter der Sphinx geschieht.

Der Zentralpunkt ist der Solarplexus, und die Kraft strahlt genau dort ein. Der nächste Schritt ist das Auflegen des roten Turmalins auf dem Solarplexus. Das öffnet das System.

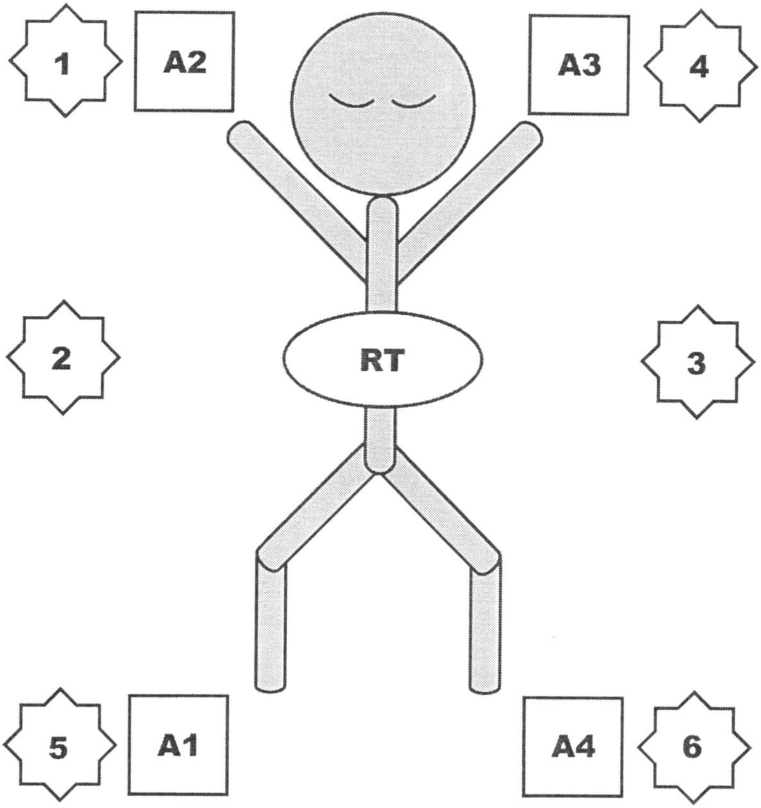

III.2.2.

Die Kristalle auf der Höhe des Basischakras werden nun mit der Spitze nach außen gedreht, was für eine friedliche Kontaktaufnahme nach außen sorgt und über den Atlantischen Schlüssel, über die Energien der Völker, die eine Einheit in diesem Legesystem herstellen, Folgendes symbolisiert: Ich, als kosmisches Wesen, in der Zentrierung meiner Erdung, in der Verbundenheit meiner Materie, erlaube mir, mich zu öffnen. Ich bin bereit, mich liebend dem Du zu öffnen.

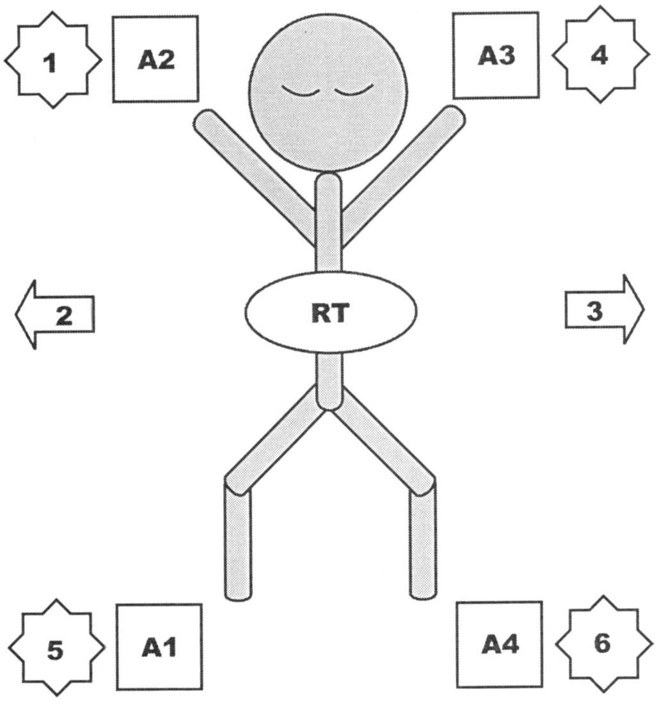

III.2.3.

Der 1er wird mit der Spitze nach innen gelegt und der 6er ebenso mit der Spitze nach innen.

Das bedeutet: Ich erlaube allen Energien, in meinem System Raum zu nehmen, ich entledige mich jeglichen Konfliktes mit der Andersartigkeit, weil Alles-Was-Ist auf Gaia Raum nehmen darf, ohne Bewertung. Dieses Legesystem sorgt für die Anbindung an die Engelkräfte.

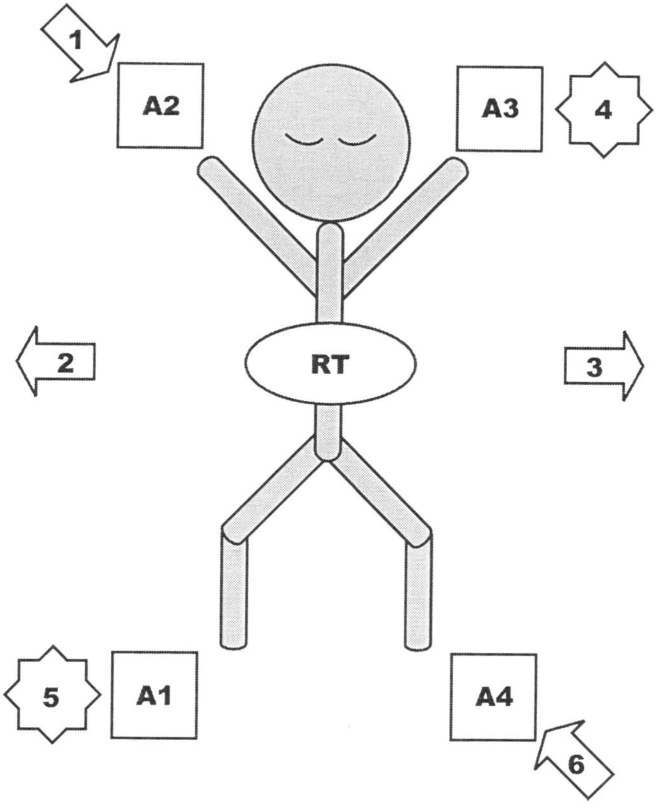

III.2.4.

Der 5er wird mit der Spitze nach innen gelegt und der 4er ebenfalls nach innen gerichtet.

Das ist die Freilegung des goldenen Inhalts und löst energetisch die Patina auf. Jetzt befindet sich der Mensch in der Auflösungssequenz des Schildes. In dieser Stellung lässt man den Klienten zehn Minuten liegen, und es ist wichtig, dieses in einem absolut geschützten Raum zu tun, denn jetzt öffnet sich der Schild.

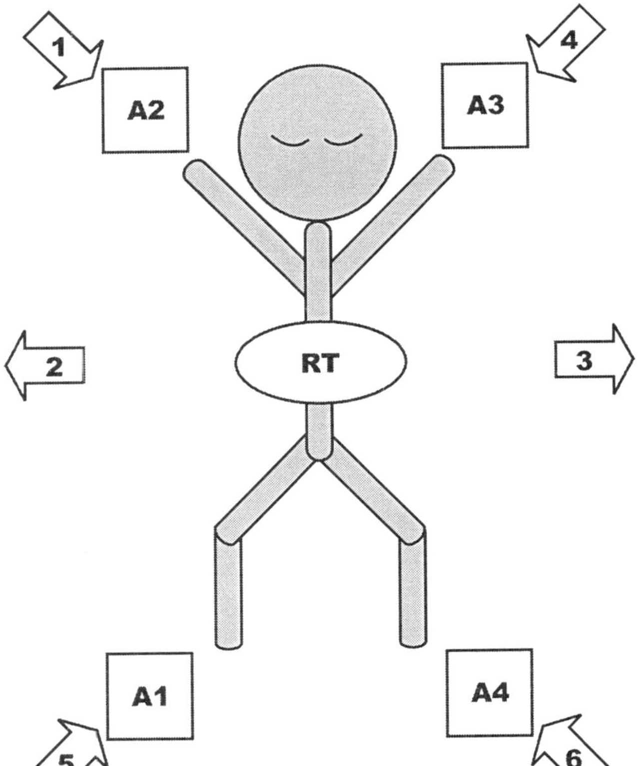

III.2.5.

Alle Amethysten werden mit der Spitze nach außen gedreht, wenn sie Spitzen haben. Wenn sie keine Spitzen haben, bitte den Energiefluss mental nach außen richten.

Dadurch entsteht energetisch der Tempel der Weisheit, so wie er unter der Cheops-Pyramide liegt. Der Klient ist jetzt offen für alle Sternenanbindungen. Das alte ist das kanalöffnende Legesystem über den Atlantischen Schlüssel.

III.2.6.

Der rote Turmalin kommt für zwei Minuten auf das Basischakra.

III.2.7.

Der rote Turmalin kommt für drei Minuten auf das Herzchakra.

III.2.8.

Der rote Turmalin kommt für sieben Minuten auf das Dritte Auge.

Das Legesystem des Atlantischen Schlüssels III.2.1. bis III.2.8. ist eine Sequenz, eine Reihenfolge, und dabei geschieht Folgendes: Du initialisierst ein dauerhaftes Lernfeld der Einheit, und hier ist es wichtig, dass der Klient darauf vorbereitet wird, denn er wird beginnen, alles und jeden ohne Bewertung zu assimilieren. Die Bedeutung auf spiritueller Ebene ist, dass der Mensch in die Nichtwertung geht. Mit anderen Worten: Es ist die Embryonalstellung des Kosmischen Menschen, er beginnt, sich zu diesem Menschen zu entwickeln.

Als Therapeut, der mit diesem Legesystem arbeitet, ist es wichtig, während diese Sequenz läuft, die Meridiane zu beobachten. Diese müssen offen und frei sein und die Energien fließen können. Ihr könnt das über verschiedene Methoden erreichen: Akupunktur, Akupressur, Moxakraut, Heilkristalle, Massage oder anderes.

Interessant dabei ist das Verschieben der Meridiane. Man kann hierdurch ganze Areale im Menschen meridianfrei machen, was bei operativen Eingriffen sehr von Vorteil sein kann, weil sie dadurch nicht in Mitleidenschaft gezogen, das heißt, nicht getrennt werden. Das kann man mit dem Atlantischen Schlüssel III.2 erzielen, indem man den Klienten länger in diesem Feld liegen lässt. Die Meridiane ziehen sich dann alle im Meridiankanal im Wirbelsäulenkanal zusammen. Wenn du dir die Meridiane wie ein Netzgitter im Menschen vorstellst, weiten sich diese Maschen, wenn du den Menschen lange in diesem Kraftfeld lässt. Wenn du das Kraftfeld wieder auflöst, schließen sie sich von selbst wieder. Das sollte man bei größeren Operationen auch gezielt angehen, das heißt: Wenn zum Beispiel ein Eingriff am Magen stattfindet, solltest du nur den Magen virtuell in das Kraftfeld legen. Nur der Bauchraum wird während der Zeit der Operation in diese 2er Sequenz des Atlantischen Schlüssels visualisiert. Dadurch ziehen sich alle dort befindlichen Meridiane zurück, der Arzt kann operieren, und es findet keine Meridianschädigung statt. Als

Folge heilen die Vernarbungen viel schneller und besser.

Der gesamte Zyklus ist allerdings nicht umkehrbar: Einmal initialisiert, läuft er durch bis 2012. Man kann jedoch einzelne Teile, davon losgelöst, verwenden, – zum Beispiel, um eine Bewussteinserweiterung des Systems zu erzielen, um Partnerschaftskonflikte aufzulösen oder anderes.

Dieser Zyklus, auch in den einzelnen Schritten, führt zur Entwicklung der kindlichen Freude im System. Freude am *Eins-Sein*. Elyah empfiehlt, in dieser Legeweise Heilbehandlungen durchzuführen, weil hier Heilenergien am Schild vorbeigelenkt und direkt behandelt werden können.

Es gibt nun noch eine erweiterte Form des III.2er Legesystems, – und dieses ist die Form der Medien in atlantischen Zeiten.

III.2.9.

Die mittleren Kristalle auf Höhe des Basischakras werden mit der Spitze nach innen gedreht.

Die Amethyste 2 und 3 kommen auf das Brustbein. Wenn sie eine Spitze haben, zeigen diese nach oben und nach unten. Die Amethyste 1 und 4 kommen auf das Basischakra. Wenn sie eine Spitze haben, zeigt diese jeweils nach links und rechts. Wenn es sich um Handschmeichler handelt, bitte entsprechend energetisch in diese Richtung ausrichten.

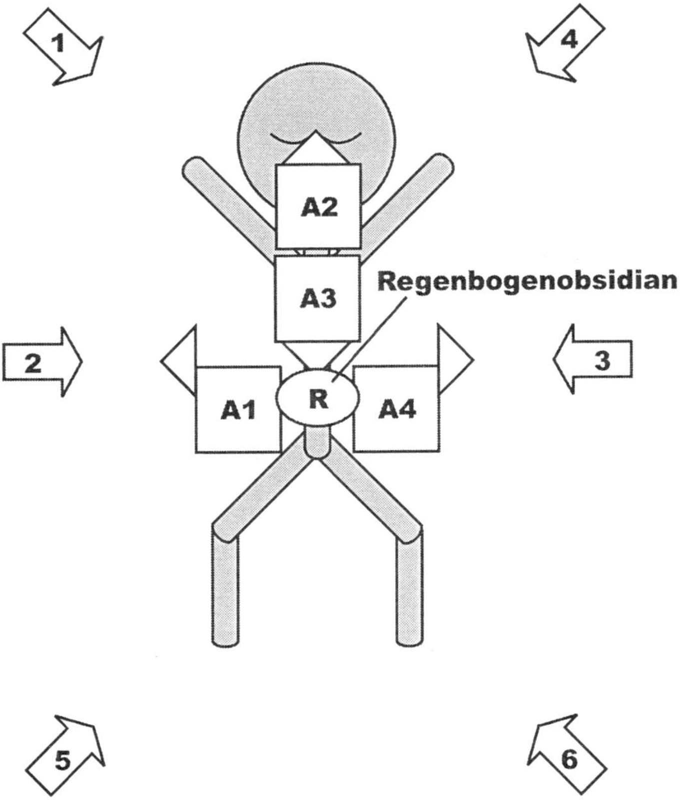

Das löst innere Konflikte auf. Die Energien der Sternenrassen zentrieren sich auf ihre jeweiligen DNS-Anteile und arrangieren sich komplett neu im Körper.Die Amethysten verbinden hier mit den Sternenebenen und Gaia.

Der Regenbogenobsidian wird auf den Solarplexus gelegt. In diesem Legesystem verbleibt der Mensch ungefähr dreizehn Minuten.

Das bringt ihn in Balance, in absolutes Gleichgewicht mit sich selbst, was sehr hilfreich ist vor (lebens-) wichtigen Entscheidungen, und immer wieder hilfreich, um das Bewusstsein der kosmischen Einheit neu zu erfahren, die Einheit mit allen Sternenebenen. Diese Legeweise III.2.9 kann losgelöst vom gesamten Legesystem III.2 angewandt werden und hilft Menschen, die über den dritten Schlüssel initiiert wurden, ihren Schild abzulegen und immer wieder in die Matrix der Dritten Dimension zurückzukommen, weil dieser „kosmische Embryo" oft mit der Dritten Dimension schwer zurechtkommt. Das hilft auch, diese Ebene der Matrix zu verstehen und zu erkennen.

Mit diesem Legesystem können auch Energien erklärbar gemacht werden. Wenn sie nur durch dich hindurchlaufen, nutzt das nur sehr wenig, denn du hast zwar die reine Energie, aber keine Information dazu, da die kommunikative Ebene noch fehlt. Die reine Kraft gibt dir noch keine Information, es ist wie bei den Sinnen. Wenn die Sinne nicht erklärt werden, ergeben sie keinen Sinn.

Der Atlantische Schlüssel III.3
Inkubator des Kosmischen Menschen

Die Kristalle werden in derselben Weise wie beim Legesystem des Atlantischen Schlüssels III.1 aufgestellt, jedoch ohne Amethyste und ohne roten Turmalin.

Der Regenbogenobsidian wird zwischen die Füße gelegt.

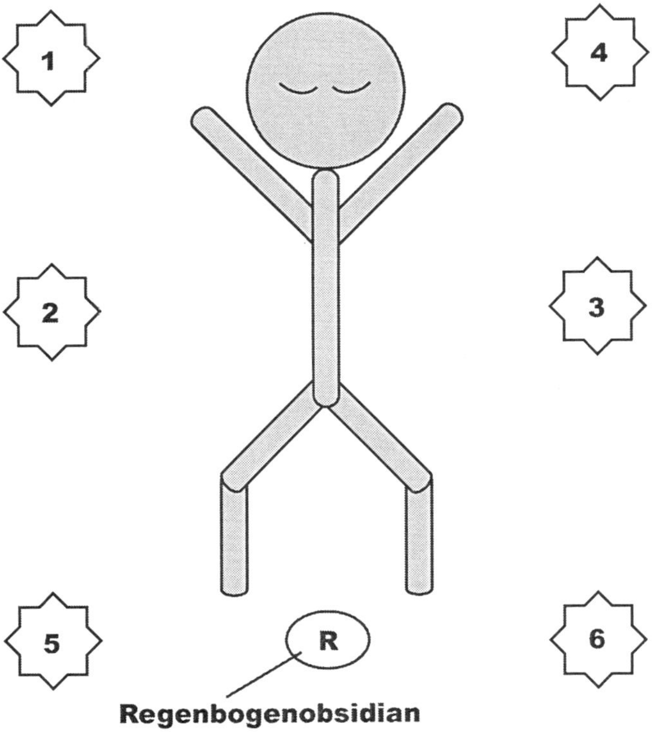

Ihr verbindet über die Sternensteinessenz des Obsidians das System des Klienten mit der Kaste der Medien von Atlantis. Ihr bringt das Bewusstsein des Menschen in die Pyramide von Poseidonis. Damit findet eine Öffnung des gesamten Systems auf allen Ebenen statt. Und Bewusstsein ist die Gesamtheit aller Energiekörper, einschließlich des physischen Körpers. „Ich denke, also bin ich", ist ein Ausspruch des Fischezeitalters und eine arge Verkürzung unseres Seins!

Das eröffnet dein kosmisches Bewusstsein zu dem Erdbewusstsein, denn du bist ein Bewusstsein der Erde und somit der Materie. Du kommst dadurch in einen meditativen, medialen Austausch zwischen Erde und Geistiger Welt.

Dieses Legesystem sollte mindestens 30 Minuten einwirken! Während dieser Zeit adaptiert der Obsidian über die Schwingungskraft der Medima das gesamte System, bringt es in den Ausgleich mit allen sechs Völkern von Atlantis oder den zwölf Teilen der Bruder- und Schwesternschaften, in Harmonie zwischen Licht und Nichtlicht.

Es folgt nun ein Beispiel, um die Anwendung der Sternensteinessenzen anschaulicher zu machen:

Der Klient hat eine allergische Reaktion, das Leben ist schlecht und übel, und er muss allergisch auf die Dinge im Außen reagieren, zum Beispiel die Pollen der Pflanzen, die Leben in Fülle sind und ihre Pollen in dieser Fülle auch verbreiten.

Allergie ist ein Zeichen fehlgelenkter Lebenslust! Der Körper ist bedacht, diese Fehlformen auszugleichen, also somatisiert er, das heißt: Er zeigt eine Reaktion auf Körperebene. In diesem Fall können wir über den Aquamarin und den Rubin arbeiten. Der Aquamarin bringt alles in den Fluss und der Rubin Aussöhnung mit der Seele. Er zeigt dir, das Leben ist schön, das Leben liebt mich, und ich liebe das Leben, und schon ist die Notwendigkeit einer allergischen Reaktion in deinem Körper nicht mehr gegeben.

Und das macht der Atlantische Schlüssel III.3. Dieses Legesystem verbindet dich in deiner Struktur mit deinen Energiephalanxen, die du in deinen Zellen ja schon längst hast. Es aktiviert Dinge, die bereits vorhanden sind. Die Sternensteinessenzen lassen dieses anklingen und führen dich so wieder in eine Kosmische Harmonie ein. Dieses Legesystem ist dazu da, dir als Kosmischer Mensch die Menschwerdung zu ermöglichen und nicht mehr auf Widerstand programmiert zu sein, mit dem dein Körper im Moment noch reagiert, indem er versucht, die Energien loszuwerden anstatt sie zu assimilieren. Dein Körper kämpft, und der Atlantische Schlüssel III.3 ist eine Möglichkeit, dem Körper zu sagen: „Das hast du nicht mehr nötig."

Nachdem du eine halbe Stunde in diesem Schwingungsfeld der Medima gelegen hast, kommt jetzt die eigentliche Behandlung deines Bewusstseins, da die Allergie über den Körper hinausgeht, da sie nicht „nur" eine körperliche Reaktion ist, sondern ein ganzes Bewusstsein dahinter steht.

Jetzt wird der Rubin („Ich bin Ausdruck vollkommenen Bewusstseins", „Ich-bin, das-ich-bin") für fünf Minuten auf den Solarplexus gelegt. Damit gehen wir in die Seelenebene und machen sie bereit zur Aufnahme.

Das schafft ein Ungleichgewicht im System, was aber gewollt ist, wie bei einer Impfung: Es wird ein Fremdkörper in das System gebracht und die Immunabwehr angeregt, Antikörper zu bilden. Hier wird das System angeregt, sich zu bewegen, in einen inneren Prozess zu gehen, zu fließen und loszulassen. Nach den fünf Minuten wird der Rubin weggegeben und kommt außerhalb des Feldes.

Dann den Klienten eine Viertelstunde liegen lassen. Der Regenobsidian, der Stein der Medima, bringt diese Energien jetzt wieder in den Ausgleich, er muss die Energien in allen Bereichen des Systems umsetzen. Diese Zeit ist notwendig.

Dann wird der Aquamarin fünf Minuten auf den Solarplexus aufgelegt. Dieser bringt das Ganze in den Fluss, denn Wasser vernetzt, ist ein Verbindungsträger und schafft Lösungen. Dann den Aquamarin wieder herunternehmen. Der Klient bleibt erneut eine Viertelstunde liegen, damit auch diese Energie wieder ausgeglichen wird.

Als nächstes ist es wichtig, den Abbau des Legesystems in der richtigen Reihenfolge vorzunehmen: Die Kristalle des Atlantischen Schlüssels werden von oben, vom Kopf her, weggenommen, als letzter Stein der Regenobsidian. Dann wird eine Pause von mindestens zwei Stunden empfohlen – zur Erholung, zur Entspannung oder zum Duschen.

Elyah nennt dieses Legesystem den „Inkubator des Kosmischen Menschen", den Brutkasten.

Auf die Frage, wie oft man das III.3 Legesystem in Kombination mit den Sternensteinessenzen verwenden kann, antwortete Elyah: *Nur einmal pro Tag, denn der Körper braucht Zeit, die Energien zu integrieren.* Und man sollte auch nur maximal drei Sternensteinessenzen (ohne den Regenbogenobsidian) pro Sitzung verwenden, darüber hinaus wäre es ein Missbrauch des Körpers, wiederum weil der Körper sich nicht so schnell auf die Veränderung der Energien einstellen kann, denn bei der Arbeit mit den Sternensteinessenzen wird gezielt ein Eingriff vorgenommen.

Die Kombinationen mit den verschiedenen Sternensteinessenzen sind vielfältig und je nach Bedarf beziehungsweise je nach Notwendigkeit für den Klienten zu wählen.

Für das gesamte IIIer Legesystem gilt folgendes:

Man kann sich natürlich als Behandler im Raum aufhalten, aber bitte nicht dauernd im Inneren des Kraftfeldes der Kristalle!, denn dann arbeiten die Kristalle auch automatisch mit dem Behandler. Dadurch kann es zu Energievermischungen oder Übertragungen auf diesen kommen, und das ist nicht gewollt und nicht Sinn und Zweck dieser Methode. Um dieses zu vermeiden, kann der Behandler einen Heliotrop bei sich tragen, der die Vermischung der Energien verhindert und sein eigenes Aurafeld so weit zurückhält, dass er hier ohne Beeinträchtigung arbeiten kann. Das Legesystem geht auf alle Ebenen des Seins und erhöht auch die Schwingungsfrequenz des physischen Körpers.

Der Atlantische Schlüssel III.4
Ausgleich der vier Elemente

Bei diesem Legesystem sollte der Klient keinen Metallgegenstand an sich haben und der Behandler sich nicht dauernd im Schwingungsfeld der Kristalle aufhalten!

Zu Beginn dieser Sequenz stellt oder setzt sich der Klient für fünf Minuten in den Kontaktdom, wie oben beschrieben. Im Anschluss legt er sich für fünf Minuten ruhig und schweigend hin.

Danach stellt oder setzt er sich erneut in den Kontaktdom, wobei dieser mit den Sternensteinessenzen erweitert wurde. Diese kommen vor die Bergkristalle, innerhalb des Kreises, und auch hier spielt die Reihenfolge der Steine keine Rolle; der Klient hält dabei den Regenbogenobsidian in der Hand, wodurch die zelluläre Matrix geöffnet wird. Und auch dieser Schritt dauert ungefähr fünf Minuten.

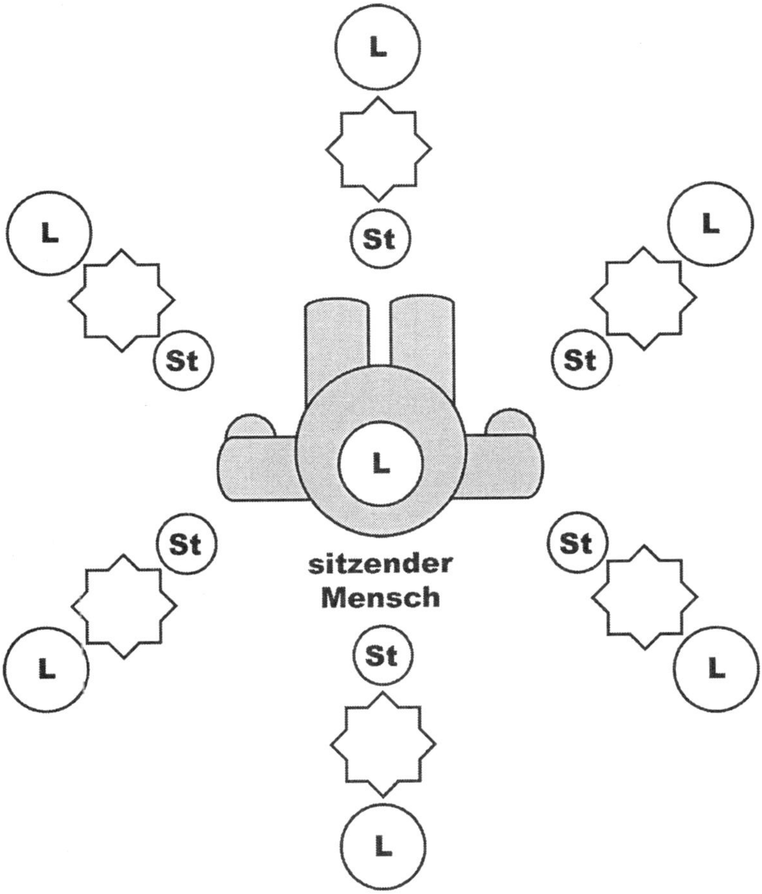
L
St
L
St
L
St
L
St
St
St
L
sitzender
Mensch
L
L
L

Danach legt sich der Mensch auf den Bauch. Jetzt werden die Kristalle Nummer 1, 6 und 4 unterhalb der Füße des Klienten gestellt, und zwar rechts der 1er, in der Mitte der 6er und links der 4er.

Die anderen drei Kristalle werden oberhalb des Kopfes aufgestellt, links der 3er, in der Mitte der 2er und rechts der 5er-Kristall.

Dadurch entstehen drei Schwingungskreisläufe, die parallel zueinander sind und auch parallel zum Klienten laufen.

Nun werden die Amethysten 1 und 2 mit in das Legesystem genommen.

Der 1er kommt zur linken Seite des Klienten auf die Höhe des zweiten Chakras.

Der 2er kommt zur rechten Seite des Klienten, ebenfalls auf die Höhe des zweiten Chakras.

Auch diese bauen einen Schwingungskreislauf auf, der die anderen Kreisläufe wie ein Band im rechten Winkel umschließt. Dadurch entsteht ein magnetisches Schwingungsfeld mit einer sehr hohen Schwingungsfrequenz, die dem Magnetfeld in uratlantischer Zeit entspricht. Dieses Feld ist von einem Pendel nicht mehr abtastbar.

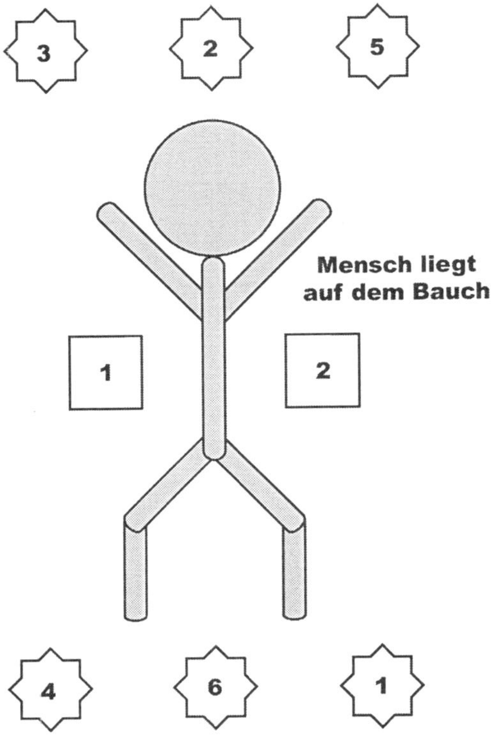

Nun ist es wichtig, die Wirbelsäule und auch den Liquorkanal leicht zu dehnen. Eine Hand kommt auf das Gesäß und die andere auf die Medulla Oblongata. Dann werden die Hände für einige Sekunden sanft nach außen gedrückt, wodurch die Wirbelsäule und auch der Beginn der Dura auseinandergezogen werden. Bei Menschen mit Bandscheiben- oder Ischiasproblemen diese Dehnung bitte mit größter Vorsicht und sehr sanft ausführen. Dadurch kommt auch der Liquorfluss vermehrt in Gang, und der Stoffwechselaustausch wird angeregt.

Dann wird der 4er Amethyst auf der Höhe des hinteren Basischakras beziehungsweise auf den Sattel aufgelegt; wenn der Stein eine Spitze hat, wird diese nach oben gerichtet. Jetzt wirkt das System der Kristalle für sich. Der Kanal des Menschen wird von unten her geöffnet, die Erdenergie dringt von unten durch das Steißbein hoch, durch den Wirbelsäulenkanal in die Medulla Oblongata, erschafft ein Gleichgewicht der oberen Meridiane und geht oben beim Kronenchakra wieder hinaus. Dieses Legesystem ist absolut ausgleichend und besonders für die Menschen gedacht, die an starken körperlichen Krankheiten leiden. Ein Nebeneffekt kann sein, dass sich das System des Menschen weitet und so ein leichterer oder intensiverer Kontakt zu den Kräften der Elemente und den Energien der Aufgestiegenen Meister hergestellt werden kann.

Es ist jedoch keine Überrumpelung für den Klienten, falls sich bei dieser Behandlung eine Kanalöffnung einstellt, denn das Geburtsrecht eines jeden Menschen ist es, Kanal zu sein ebenso wie sichtig und fühlig. Und es ist auch das Geburtsrecht eines jeden Kindes, irgendwann krabbeln und gehen zu lernen, du würdest deinem Kind ja auch nicht die Beine zusammenbinden, um genau das zu verhindern. Nur weil so viele Menschen nicht in ihrer Kraft und ihren Fähigkeiten sind, bedeutet das nicht, dass es nicht ihr Geburtsrecht ist, diese Talente zu haben, auch wenn ihm diese durch Manipulation in der Zeit von Atlantis scheinbar genommen wurden. Jeder Mensch ist Kanal, und du gibst ihm durch diese Behandlung seine Kraft und seine Möglichkeiten zurück.

Jetzt bleibt der Klient für zwanzig Minuten so liegen, und das Magnetfeld wirkt in sich. Dieses Legesystem geht in alle Körperbereiche und gleicht alle vier Bereiche vollkommen miteinander aus. Außerdem wirkt es blutreinigend.

Danach sollte der Mensch schlafen oder zumindest einige Zeit ruhen!

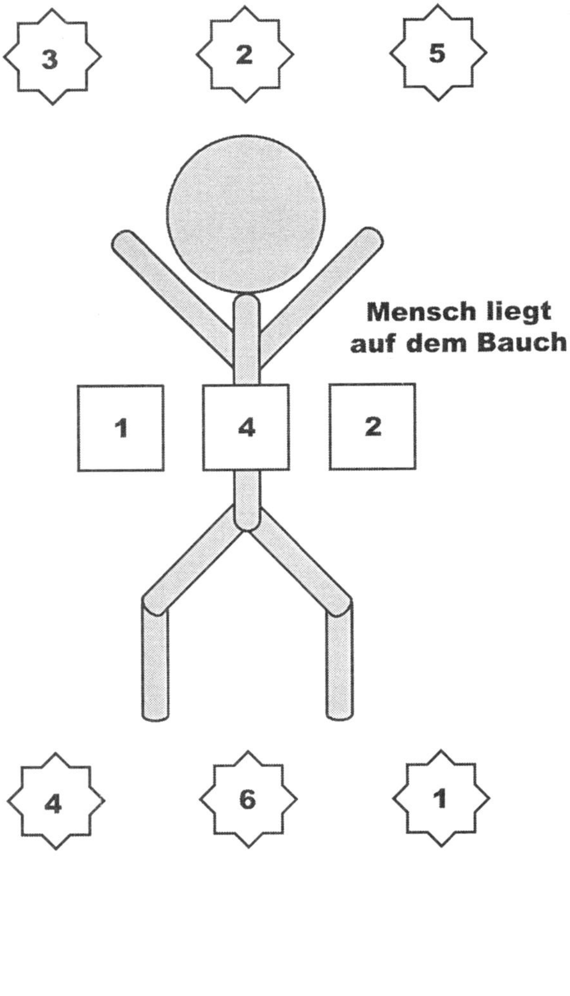

Energetisch stehen nun die Kristalle in den Ecken miteinander in Verbindung, und zwar der 3er mit dem 1er und der 4er mit dem 5er-Kristall des Atlantischen Schlüssels.

Dadurch entsteht ein Kreuzungspunkt, und zwar genau an der Stelle, wo sich der 4er Amethyst befindet. Der Klient kommt dadurch in eine Art energetische Vierteilung! Diese Teile entsprechen den vier Elementen, die sich ja in jedem Menschen vereinigen. Der obere Teil entspricht dem Feuer, der untere Teil der Erde, der rechte Teil der Luft und der linke Teil dem Wasser. Wenn nun in einem Element ein Überschuss besteht, wird der entsprechende Teil, das diesem Element zugehörige Dreieck, energetisch nach außen geklappt, und die überschüssige Energie in die Erde transferiert, von dieser aufgenommen und transformiert.

Nehmen wir als Beispiel eine Entzündung: Entzündliche Prozesse gehören in den Bereich des Elements Feuer: Der Amethyst beginnt sich nun mit dem Element Feuer im Klienten zu verbinden, was ihr daran merkt, dass die Körpertemperatur steigt und er leichtes Fieber bekommt. Energetisch geschieht Folgendes: Dieses Feuerteil, das Dreieck, klappt um, geht nach außen, die Energie wird nach außen transferiert. Sie strahlt ab, vom Körper weg. Dasselbe geschieht mit den anderen Elementen. Ein Überschuss wird einfach in die Ebene von Gaia hineinausgeleitet.

Nun noch einige andere Zuordnungen zu den Elementen:

Emotionale Verwirrtheit wird der Luft, dem Wind, zugeordnet und ebenfalls ausgeleitet.

Die Seele, das ewige Fließen, ist dem Wasser zugeordnet. Ein Stau an Energie, die nicht in die Inkarnation gebracht werden konnte, wird gegebenenfalls auch ausgeleitet.

Nierenbeckenentzündung wird dem Element Wasser und Feuer zugeordnet, beide werden ausgeleitet.

Erkrankungen der Knochen werden dem Element Erde zugeordnet, und es geschieht dasselbe mit überschüssigen Energien auf dieser Ebene. Bei einem Knochenbruch wird eine Kallusbildung und damit das Zusammenwachsen, das Verheilen, beschleunigt.

Der Körper nimmt sich aus diesen Schwingungsfeldern die Schwingung heraus, die er jetzt in diesem Moment braucht, klappt die jeweiligen energetischen Dreiecke nach außen und gibt die Energie an Mutter Erde ab.

Die Steine wirken somit aus sich heraus!

Vorher kann ein Anamnesegespräch notwendig sein. Es ist wichtig, mit dem Klienten abzuklären, warum er zu dir kommt, was in seinem Leben los ist. Dadurch schaffst du ein Lernfeld der Einheit. Du nimmst ihn in seiner göttlichen Vollkommenheit an und dieses Thema oder Problem in Liebe auf. Gehe bitte nicht in die Bewertung! Das ist ganz wichtig, denn eine Bewertung geschieht so schnell. Sei hier bitte sehr achtsam! Nimm den Menschen in Liebe an. („Was hast du dir denn da kreiert“, hat nichts Liebevolles in und mit sich!)

Bei diesem Gespräch kann man dem Menschen auch schon eine oder zwei Sternensteinessenzen in die Hand geben, je nachdem, um welche Themen es gerade geht. Damit verhilfst du ihm, in die Tiefe oder in den Fluss zu gehen. Diese Energien überspielen sich komplett in das System des Menschen und ein Schwingungsfeld der Heilung entsteht.

Elyah bittet uns, die Zeitangaben nicht zu überschreiten, damit sich der Mensch an die Schwingungen und die damit verbundene Schwingungserhöhung gewöhnen kann! Zu langes Liegen kann das System überfordern und ihm schaden.

Elyah empfiehlt dieses Legesystem wegen seiner ausgleichenden Wirkung auch zur Vorbereitung einer Geburt. Dabei liegt die Frau auf der Seite und der 4er Amethyst wird einfach beim Rücken an die Seite gelegt. Das fördert und verstärkt die Wehentätigkeit, der Muttermund ist weicher und öffnet sich leichter, wodurch die Geburt sanfter und schneller wird. Auch der Damm wird weich, weshalb man meistens auf einen Schnitt verzichten kann!

☆☆☆

Kosmische Harmonie

Die kosmische Harmonie geht über die menschliche Harmonie weit hinaus. Die menschliche Harmonie kaschiert Zerstören oder Loswerden-wollen oft mit dem Begriff der Harmonie. Im Deutschen gibt es den Begriff „Der Wolf im Schafspelz", und das ist genau das Prinzip. Das betäubt unsere Christuspräsenz, unsere Kreativität des Erschaffens. Unsere Sonne, die am Himmel steht, verbrennt auf dem gleichen Planeten weite Landstriche, andere macht sie fruchtbar. Warum? Weil sie den Ausgleich von Erschaffung und Zerstörung in sich trägt.

Wir können von der Sonne lernen. Die Wüste, das lebensfeindliche Prinzip, hat genauso seine Berechtigung wie der tropische Regenwald. Beides steht für die Pole der Dualität, und beides steht deshalb für Gleichgewicht. Und wenn das in absolutem Gleichgewicht ist, ist es in der Perfektion, ist es im göttlichen Prinzip. Elyah sagt, der Garten Eden hatte auch seine Wüste, weil er in der Dualität war. Da wir ebenfalls in der Dualität sind, können wir nicht die Wüste in uns (Krankheit oder Schattenanteile) einfach zerstören, denn wenn wir das täten, wären wir auf der anderen Seite im Ungleichgewicht. Wir müssen in die Balance kommen, und das ist der Ausdruck der göttlichen Harmonie, der kosmischen Harmonie.

Wenn ich eine Krankheit habe, darf ich diese nicht wegbekommen wollen. Sobald ich denke: „Ich habe eine Entzündung am Zahn", gehe ich in die Energie des Kampfes. Ich arbeite mit Antibiotika (Anti-Bio = gegen das Leben). Warum erschaffe ich nicht um die entzündete Wurzel herum etwas Neues, wie zum Beispiel ein Zahnfleisch, das sich nicht entzünden kann. Dann wäre die Kraft, die Energie der Entzündung, nach wie vor da, aber auf der anderen Seite wäre der tropische Regenwald als Bollwerk von Leben und Evolution und ich in der absoluten, kosmischen Harmonie.

Die Energie der Trennung (der Blitz von Karon) sagt uns: Wenn etwas nicht in der Ordnung ist, muss ich etwas dagegen unternehmen. Doch wer definiert Ordnung? Wenn ich stinke, muss ich mich waschen, – aber wer sagt denn das? Warum erzeuge ich nicht einfach ein Duftfeld um mich herum, das sich mit meinem Gestank ausgleicht? Dann wären beide Energien gleichberechtigt vorhanden. Aber wir „zerstören" unseren Gestank, ohne eigentlich zu wissen, was wir tun. Und so gehen wir auch mit Krankheit um, so gehen wir mit allem um. Ich definiere dieses Glas zum Beispiel als schmutzig. Ich werde es gleich spülen oder in die Spülmaschine räumen. Warum definieren wir das so? Es ist gebraucht. Warum erschaffe ich nicht um dieses Glas ein Schwingungsfeld von Neu und Ungebraucht? Dann bräuchte ich keine Spülmaschine und kein Spülmittel mehr.

Und das ist das Kosmische Prinzip. Das macht der Kosmische Mensch, so handelt er. Jeder Gedanke, jeder Atemzug und jede Bewegung des Kosmischen Menschen erschafft ein neues Feld. Und so verknüpft er die Dimensionen und erfüllt seinen Auftrag. Er nimmt nicht Krankheit weg, er gibt Erschaffung dazu. Weil die Energie der Krankheit genau die gleiche Berechtigung hat, genauso von Vater/Mutter Gott geliebt wird wie die Heilung. Wir müssen aufhören, uns selbst als Feinde, unseren Körper als Feind zu betrachten.

Auch eine Entzündung ist kein Feind unseres Körpers, sondern ein Selbstheilungsprozess, der die Bakterien ausschwemmt. Wir müssten unserem Körper dafür dankbar sein. Doch was tun wir? Wir bekämpfen diesen Prozess, indem wir Antibiotika zu uns nehmen. Das ist paradox, und dennoch tun wir es, weil wir gelernt haben, uns in dieser Matrix zu bewegen und entsprechend zu handeln. Ich kann doch jetzt nicht einfach nicht handeln. Die wahre Handlung wäre, um bei unserem Beispiel zu bleiben, ein gesundes Zahnfleisch zu erschaffen, das mit der Entzündung umgehen kann. Das tue ich nicht, weil ich den Urzustand wieder zurückhaben will, aber das ist eigentlich ein Rückschritt und keine Evolution.

Ich fragte Elyah, ob die Matrix uns daran hindert, in dieses erschaffende Prinzip zu gehen – sie antwortete:

Nein, ihr hindert euch selbst, das ist nicht die Matrix, weil ihr es über viele Inkarnationswege innerhalb der Matrix gelernt habt. – Wenn euch etwas begegnet, dann müsst ihr handeln. Wenn euch etwas begegnet, solltet ihr euch die Frage stellen: Was macht das mit mir? Anstatt diese Begegnung zu genießen, hinterfragt ihr sie. Was bringt mir das? Was bringt es dem anderen? Was ziehe ich daraus für einen Nutzen oder Schaden? Was soll mir das zeigen, oder ist es nur für den anderen wichtig? Ich hinterfrage alles! Ist dieses Wasser aus der Leitung gut für mich oder nicht? Ist dieser Saft aus Konzentrat gut für mich oder nicht? Ist dieses Essen gut für mich oder nicht, und so weiter?

All das haben wir über unsere Inkarnationswege gelernt und nutzen dabei unsere Christuspräsenz, indem wir sie jedoch pervertieren und alles hinterfragen und alles auf uns beziehen und nicht auf das Leben. Das große Ganze beziehst du auf dich als Einzelnen.

Du sagst, es ist dein Leben! Nein, es ist ein Leben.

Ein Leben unter vielen Lebensformen auf diesem Planeten, der sich Erde nennt. Es ist nicht deins, du kannst nicht dein Leben auf dich beziehen, das ist Missbrauch der Christuskraft. Christuskraft ist erschaffendes Prinzip, und das wirkt nach außen, und nicht nach innen. Lebe im Außen, und nicht im Innen. Erschaffe im Außen, und nicht im Innen. Das Leben bereichert sich durch deine Gegenwart. Nicht das Leben bereichert dich als Person. Du bereicherst das Leben. Du gibst diesem wunderbaren Komplex Leben einen Ausdruck, nämlich deinen spezifischen und auch besonderen. Doch das kannst du nicht tun, indem du es auf dich beziehst, sondern du beziehst dich auf dein Leben. Und das ist der Missbrauch der Christusenergie. Du möchtest für dich erschaffen! Aber nein, du erschaffst für das Leben.

Du bist Teil des Lebens, wie jeder andere auch. Elyah würde niemals sagen: Ich lebe, sondern es lebt. Auch in mir lebt es. Und das, was ich in meiner Christuskraft leisten kann, dient dem Leben, nicht meinem Leben, sondern dem Leben.

Lebensbejahung oder Lebensverneinung ist das Thema. Wenn ich Leben auf mich beziehe, verneine ich das Leben in seiner Größe und Vielfalt. Ich schränke es auf meine Person ein, und das führt zu Konflikten und daher zu Disharmonie und zur Zerstörung meines Lebens. Das Leben zerstört sich nicht, es bleibt ewig. Aber mein Leben zerstört sich, und das ist die Ursache von Krankheit und Tod. Und weil das Leben einen Selbstheilungsmechanismus hat, stirbst du.

Dass Elyah Millionen von Jahren lebt, liegt nicht daran, dass sie so eine tolle Genetik hat. Sie ist von der genetischen Grundstruktur ein Pilz, das heißt, unsere genetische Struktur ist viel komplizierter als die ihrige, jedoch ist sie im Leben, und darum spielt Zeit für sie keine Rolle. Sie sagt nicht, es ist ihr Leben, sondern es lebt. Sie bezieht Leben nicht auf sich, Begegnung bezieht sie auf sich. Und Begegnung ist eine Frucht des Lebens. Sie assimiliert Energien, aber nicht das Leben an sich, sie ist ein Teil des Lebens. Und das ist universell.

Die Erde ist einer der wenigen Planeten in diesem Universum, wo gestorben wird. Das ist das lebensverneinende Prinzip schlechthin! Warum? Weil wir Leben auf uns beziehen! Weil wir sagen: „Mein Leben ist kostbar!" Mein Leben ist nicht kostbar. Ich bin in einer Konvergenz des Lebens, in einer Übereinstimmung, in einem Zusammenspiel oder in einer Einheit mit dem Leben.

Wenn wir das begriffen und erfahren haben, sind wir Kosmische Menschen. Das heißt, wir leben ewig.

Ihr versucht, das Größte, was es in diesem Universum gibt, zu verkleinern, zu verkleinern und einzuschränken auf dich als Person. Die Folge ist: Die Kraft des Lebens erdrückt dich, weil das so nicht geht.

Worum es geht, ist eine neue Erschaffung, eine neue Kreation, und dann ist das Alte nicht mehr erforderlich! Das Alte heilt nicht, es ist einfach weg, es wird rausgeschmissen und ist einfach nicht mehr da. Es passt nicht zur Neuerschaffung. Der Harmoniebegriff ist hier verkehrt, es geht nicht um Ausgleich, es geht um Erschaffung. Ich setze der Zerstörung Erschaffung entgegen. Das ist geheilte Dualität, und so bleiben Erschaffung und Zerstörung im Gleichgewicht, und das ist dann eine kosmische Harmonie. Die geht jedoch weit über unseren Begriff der Harmonie hinaus.

Ganz dreidimensional und linear gesprochen: Eine konkrete Disharmonie wäre dann weg!

Ja, aber sie wäre nicht in die Harmonie gebracht, sondern sie wäre einfach zerstört. Das ursprüngliche zerstörerische Potenzial wäre noch immer da, aber dem entgegen steht die Erschaffung, und würde es nicht mehr auftauchen, dann wäre es in einer kosmischen Harmonie. Der Mensch ist die „Krankheit“ nicht los, aber sie wäre nicht mehr da. Die Energie, das Potenzial ist noch da, denn Harmonisierung hat in unserer Begriffswelt immer etwas mit Kampf zu tun. <u>Gegen</u> die Krankheit, <u>gegen</u> die blauen Flecken, <u>gegen</u> entzündete Zahnwurzeln und so weiter. Immer <u>dagegen</u>, und das im Mäntelchen der Harmonie. Lass die Energie doch drinnen, lass doch die Entzündung *drinnen, jedoch erschaffe etwas anderes! Denn in der Erschaffung benutzen wir diese Energie der Zerstörung zur Erschaffung. Das ist Kosmische Transformation.*

☆☆☆

Exodus

Während ich mich mit Elyah über den Atlantischen Schlüssel III unterhielt, eröffnete sie Michael und mir ein neues Konzept in Form einer Kur, die sie den „Exodusweg“ nennt, und Elyah spricht hier wirklich von einer Kur, denn Kur machen wir bei Rekonvaleszenz, zur Erholung und Stärkung. Elyah nennt diesen gesamten Prozess Exodus, und das bedeutet: Auszug. Auszug aus dem Schild oder aus dem Zustand der Begrenztheit des Bewusstseins.

Der Begriff Exodus bezeichnet auch den Auszug aus Ägypten, aus der Gefangenschaft. Und was geschah, als das Volk aus Ägypten auszog? Es murrte und sagte: Wir möchten wieder zurück in die Sklaverei, denn da ging es uns gut, und wir waren in einer gewohnten und „sicheren“ Umgebung.

Ihr könnt die Energien dieser Kur dazu nutzen, um wieder zum Ursprungsstadium eures gesunden Seins zurückzukommen. Und mit gesundem Sein meint Elyah das Bewusstsein des heilen Atlantis, der All-Einheit, denn jetzt im Moment sind wir erkrankt an der Manipulation des Blitzes von Karon. Deswegen nennt sie das Kur, und diese ist besonders hilfreich bei Menschen, die ein starkes Potenzial der Zerstörung in sich tragen oder Energien, die zum Tode führen. Dieses Zerstörungswerk kommt nicht von den Menschen selbst, es kommt vom Morphogenetischen Feld, und dieses hat die Eigenschaft, diese Energien in die Matrix des Körpers hineinzuprojizieren und dieses Programm dann zu initiieren.

Der Atlantische Schlüssel III in Verbindung mit Raps-Sternensteinessenzöl*) verhindert diese Aufnahme nicht, sondern assimiliert sie in den Körper und transformiert die Energie dann innerhalb des Körpers.

Wir sind alle diesem Schwingungsfeld ausgesetzt, aber der Körper des Kosmischen Menschen hat die Eigenschaft, diese Schwingung einfach zu verändern, den Aggregatszustand dieser Energie so zu nutzen, dass sie für ihn von Vorteil ist, im lichten Sinne, und nicht zur Zerstörung oder Auflösung des Körpers führt. Und dieser strahlt dieses dann wieder zurück in das Morphogenetische Feld und heilt es dadurch aus.

Es geht nicht darum, einen Schutzmantel aufzubauen, damit diese Energien nicht mehr in das eigene System kommen und von ihm abprallen, denn dann bleiben sie vorhanden, ohne dass etwas geschieht, und sie treffen dann unsere Mitmenschen umso mehr. Es geht ganz klar darum, diese Energien aufzunehmen, sie im Bewusstsein des Einen Seins zu verändern und dann wieder zurückzustrahlen und somit das Morphogenetische Feld „umzuerziehen" und zu heilen.

*) Sternensteinessenzöle nach Elyah
Die Sternensteinessenzen sind sieben verschiedene Kristalle, die von Elyah zu den Sonnwenden mit speziellen Energien von Sternen und Sternenrassen programmiert werden. Sie hat drei wertvolle Öle als Energieträger ausgewählt, um diese Schwingungen (über die innere und äußere Anwendung) noch effektiver in die Materie zu bringen.
Sternensteinessenzöle aktivieren die Selbstheilungskräfte des Körpers, verändern destruktive Schwingungen in der Zelle und im zellulären System und stellen ihm jene Informationen zur Verfügung, die er braucht, um die Erfahrung von Disharmonie und Krankheit nicht mehr zu machen. Sie verändern das Bewusstsein und den Austausch mit dem Morphogenetischen Feld.

Elyah sagt, dieses sei eine Form der „Pädagogik des Morphogenetischen Feldes“ und somit des Veränderns des Zustandes für den gesamten Planeten. Und dazu sind die Menschen, die ein gewisses Bewusstsein haben, auch in der Pflicht, denn sie reden von Transformation, tun es aber nicht, und das ist genau der Punkt, weil viele dieser Menschen Angst davor haben, diese Energien aufzunehmen. Sie sind eher der Meinung und in der Haltung: „Wir schirmen uns ab“, als dass wir sie „zulassen“ und aufnehmen und dadurch verändern.

Elyah bittet uns in diesem Zusammenhang, auch mit dem Begriff „zulassen“ achtsam umzugehen: Wenn wir etwas ZU-lassen, lassen wir es geschlossen. Wir öffnen uns diesen Energien nicht, es geschieht nichts. Doch viele Menschen haben Angst davor, diese Energien aufzunehmen, weil sie dann denken, sie entwickeln zum Beispiel eine tödliche Disharmonie wie Krebs oder Ähnliches. Wenn sie jedoch vorher eine Kur machen und sich entsprechend vorbereiten, wird das nicht geschehen, es <u>kann</u> nicht mehr geschehen. Denn diese Kur bringt dich in den Transformationszustand, den wir im uratlantischen Sinne hatten. Sie macht dich als Körper zum wandelnden Lernfeld der Einheit, zu einem Instrument der Assimilation.

Elyah macht den Vergleich, dass wir uns in einer permanenten Schwangerschaft befinden, die nicht zu Ende geht! Sie kommt nie zu einem Ergebnis, und das macht unzufrieden! Wir wissen, dass wir etwas in uns tragen. Wir wissen, dass wir etwas gebären möchten. Wir könnten es gebären, wir tun es aber nicht, weil irgendetwas in uns sagt (und das ist die Energie von Karon): „Wir dürfen es nicht, wir können es nicht." Und so kommen wir nicht wirklich dazu. Und so sind wir in dem ständigen Endstadium einer Schwangerschaft, und das ermüdet ungemein. Das macht uns auf Dauer fertig.

Diese Energiephalanx von Geburt ist deshalb so wichtig, weil Geburt auch etwas mit Neuwerdung und Freude zu tun hat.

Elyah sagt:

Wo ist eure Freude denn geblieben, sie ist in den Wehen, in den Schmerzen der Wehen hängen geblieben. Ihr sprecht von Veränderung, tut es jedoch nicht. Und wenn ihr euch verändert, tut ihr anderen weh, und das ist nicht Sinn und Zweck von Veränderung. Ihr erzeugt über die Kreativität Schmerz! Ihr erzeugt über Liebe Schmerz! Da hat man euch pervertiert, und deshalb habt ihr Angst vor der Geburt. Der Akt der Liebe und der Lust erzeugt neun Monate später Schmerz! Das ist nicht im Sinne der Schöpfung. Es geht wirklich nicht mehr darum, Schmerz zu erzeugen, sondern Freude. Und das ist geMACHT worden, das wart nicht ihr, das wurde euch gegeben! Und ihr habt es genommen, weil ihr nichts anderes hattet.

Die Geburt ist leicht und schön, es ist ganz einfach und kann genauso lustvoll erfahren werden wie die Zeugung. Das ist das eine, doch glauben wir aufgrund der Manipulation, dass alles schwer, immer mit Schmerzen verbunden sein muss. Meine Beziehung, so schön sie auch ist, muss immer mit Schmerzen verbunden sein. Aufeinander warten, einander nicht verstehen, und so weiter. Die ganze Bandbreite der Palette, und die spielen wir rauf und runter. Wir sagen, dass wir uns begegnen möchten, wollen es jedoch in Wirklichkeit nicht. Wenn wir uns wirklich begegnen wollten, würde dieses ganze Spiel wegfallen. Und wir denken: „Wie langweilig." Anstatt dann zu zweit gemeinsam zu erschaffen, schauen wir auf das, was uns trennt.

Und Elyah versucht über diese Wege, – Atlantischer Schlüssel, Sternensteinessenzen oder Exodus – aufzulösen, dass Liebe nicht unbedingt Schmerz bedeutet, dass Begegnung nicht automatisch die Trennung in sich trägt. Liebeskummer und Auflösung von Beziehungen sind die gleichen Beispiele. Schaut euch doch mal Scheidungen an. Was ist dort passiert? Menschen, die sich vorher liebten, die beschlossen hatten, ein Leben miteinander zu verbringen, trennen sich und machen alles kaputt, was sie einst verband! Das ist pervers! Hat etwas an der Liebe nicht gestimmt?

Nein, wir gehen in eine Liebe oder in eine Beziehung hinein, schon im Hinterkopf die Trennung! Nichts hält ewig, Lebensabschnittsgefährte, wie das heute schon in der deutschen Sprache heißt. In diesem Universum der Dualität ist jede Begegnung ewig, weil sie im ewigen Jetzt stattfindet, JETZT. Nur, wir denken: „Das ist Vergangenheit, und das ist Zukunft."

Aber das stimmt nicht, und dadurch stärken wir wieder den Schmerz!

Das ist ein Aspekt der Schöpfungskraft, und wenn wir mit solch einem Aspekt in eine Begegnung oder Beziehung hineingehen, werden wir uns genau das erschaffen, weil wir aufgrund der Perversion durch die Manipulation glauben, erst und nur dann würden wir leben. Nur wenn wir uns so etwas erschaffen, diese Schwierigkeiten erschaffen, dann leben wir. Wir spüren uns dann, und das schafft dann angeblich Raum für Neues, ja, für neue Zerstörung.

Weil wir es nicht zustande bekommen, uns zu gebären, uns neu zu erschaffen, und zwar nach dem alten atlantischen Bauplan, der in uns angelegt ist. Wir reproduzieren uns nur, aber wir erschaffen uns nicht, und da liegt der Unterschied. Wir machen Replikat von Replikat von Replikat, aber wir gehen nicht auf den Ursprung zurück.

Erinnere dich an das Beispiel mit dem gegossenen Goldgefäß: Jedes dieser Gefäße ist in einem anderen Modell erschaffen, und dieses wird hinterher zerstört; es ist immer ein Unikat. Und das ist genau das Thema, das uns die ganze Zeit beschäftigt. Wir wissen im Inneren, dass wir ein Unikat sind, aber wir leben als Replikant und geben das an unsere Kinder weiter. Die erschaffen sich nicht, denn sie bekommen von uns den Spielraum nicht, sie entwickeln sich nur.

Denn Entwicklung pressen wir immer in ein Schema: Ein Baby mit drei Monaten kann das beziehungsweise muss das können, und jenes noch nicht; ein Kind mit fünf Jahren kann das und das; ein Mensch mit fünfundsechzig Jahren hat dieses und jenes Leiden, usw. Und so legen wir Schema für Schema an. Und das ist Manipulation, das ist Karon. Und wenn ein Kind erst mit fünf Jahren zu sprechen beginnt, dann ist etwas nicht in Ordnung. Wir geben dem Menschen nicht die Möglichkeit, sich nach seinem Tempo zu erschaffen, nach seinem Seelenbauplan, oder nach seinem Potenzial und seiner Erschaffungskraft.

Elyah nannte uns dann den Rahmen für den Exodusweg der Menschen. Die sechs Schritte sind:

- Der erste ist das Annehmen von Licht und Schatten.
- Der zweite ist die Annahme des Heilen Seins.
- Der dritte ist die Heilung des Körpers und der Materie.
- Der vierte ist die Annahme des eigenen Sternenwesens und der Sternenanbindungen.
- Der fünfte ist das Betreten der Pyramide von Poseidonis.
- Der sechste ist die Geburt.

Am Anfang steht der Entschluss: Ich will mich neu erschaffen, – und nicht, ich möchte mich replizieren. Und dann gehst du diesen Weg, und auf diesem Weg machst du die Erfahrung der Erschaffung und nicht mehr die Erfahrung der Zerstörung. Und das bringt dich weiter, du entdeckst deine Freude an der Kreation neu. Und im Fahrwasser dieser Freude erschaffst du dich neu. Das geht dann von ganz alleine.

Michael und Elyah bieten diesen Exodusweg im Rahmen eines Seminars an verschiedenen Plätzen unserer Erde an. Informationen dazu am Ende des Buches.

Elyah sagt:

Geht heraus aus der Heilung, geht in die Erschaffung.
Es ist nicht mehr die Zeit der Heilung.
Es ist die Zeit der Erschaffung.

☆☆☆

Im-Puls des Lebens

Elyah und Kiria Deva geben uns Impulse, um im Puls zu sein, denn das bedeutet, intakt zu sein, im Rhythmus oder Fluss des Lebens, im Atem Gottes.

Elyah führt uns in eine Meditation:

Die Kraft der Einheit und des Sternenlichts sei allezeit mit euch und um euch.

Dieses ist Elyah, die an diesem Ort der Einheit zu euch spricht. Erkennt und begreift, dass diese Einheit in euch zu wachsen beginnt und dass alles, was dieser Einheit widerstrebt, der Bereich ist, den ihr Resonanz nennt. Erkennt, dass diese Grenzen, welche die Resonanz euch zeigt, nichts anderes als die Angst in euch sind, Atlantis oder Avalon in Besitz zu nehmen. Entdeckt das unentdeckte Land, das Land eurer Herkunft und Heimat. Ein Land, aus dem man euch vertrieben hat. Erkennt, dass der freie Wille nur dann gelebt werden kann, wenn man sich in diesem Land befindet. Es ist wichtig, dass ihr euch erlaubt und den Mut aufbringt, dieses unentdeckte Land, eure Heimat, neu in Besitz zu nehmen. Ihr seid nun bereit, eure Schilde abzulegen, deshalb bitte ich euch um den Mut der Erkenntnis, im Puls des Lebens zu sein. Arbeitet nicht mehr gegen den Puls eures Seins, und, bitte, erkennt, wir respektieren und freuen uns an eurem Bemühen, doch wäre es, erlaubt mir diese Bewertung, nicht schöner, wenn ihr euch nicht mehr bemühen müsstet? Wenn es einfach ist so, wie es ist? Wenn ihr einfach annehmen könnt, wie es ist?

Erkennt: Einheit ist ein bewusster Akt, es ist kein Gefühl, es gebiert sich aus der Symbiose all eurer Einzelheiten. Entdeckt euch, seid neugierig, denn Neugierde ist eine Tugend im Universum der Dualität. Erkennt, dass diese Neugierde euch dazu brachte, das Rad zu erfinden, Fleisch nicht mehr roh zu verzehren, sondern es zu braten, Nahrungsmittel zu garen und so weiter. Neugierde brachte euch dazu, Behausungen zu errichten und sie Häuser zu nennen. Ihr seid kommunikative Wesen und findet euch in Familien, Dörfern und Städten zusammen. Bitte erkennt, dass ihr euch auch selbst zusammenfinden solltet. Es geht nicht mehr darum, das, was ihr als negativ bezeichnet, aus eurem System zu werfen. Es geht darum, damit einverstanden zu sein. Es geht darum, dieses Einverständnis zu sein. Nicht, es zu leben, das ist erst der zweite Schritt.

Wir danken für euer Bemühen. Ihr versucht, Spiritualität in eurem Alltag zu leben. Erlaubt mir, aus meiner Sichtweise eine Bilanz zu ziehen, und bitte, das ist kein Angriff auf eure göttliche Natur. Was habt ihr erreicht? Ist euer Alltag spirituell, lebt ihr in Vollbesitz eurer Christuspräsenz als Mitschöpfer des Universums? Erkennt den Fehler, den die Matrix euch immer wieder aufzeichnet.

Spiritualität in eine nicht geheilte Matrix zu transferieren, führt nicht zu Assimilation, sondern zu Zerstörung, und deshalb bitte ich euch, lebt diese Kraft, Spiritualität in den Alltag zu bringen nicht mehr aus, sondern entdeckt eure Christuskraft und erlaubt euch, in dieser Christuskraft euren Alltag neu zu erschaffen. Ihr seid frei geboren, so wie auch ich vor Milliarden von Jahren auf Kassiopeia, so seid ihr auf Gaia frei geboren als Symbiose aus den vielen Völkern im Atlantis der Einheit. Das bist du, ein Einheitswesen. Den Alltag neu zu erschaffen liegt in deiner Macht. Durch die Zerstörung wurdet ihr eingesperrt, wir wildern euch wieder aus. Der Alltag ist der Käfig. Dein Lebensraum ist die Weite des Meeres, der Steppe oder die Tiefe des Waldes, aber kein Käfig. Sei nicht zufrieden mit der Nahrung, die man dir vorwirft, erfreue dich an der Jagd oder am Sammeln der eigenen Nahrung. Leben hat etwas mit Lust zu tun.

Wir, Elyah, leben voller Lust, ihr könnt dieses auch. Wo ist eure Lebenslust? Eure Freude am Dasein, eure Energie? Der Alltag spiegelt das Regelwerk der Matrix, deshalb erschafft euren Alltag neu. Macht den Auszug in eurem Leben, entdeckt das neue Land und legt das Alte wie eine Hülle hinter euch. Avalon, Atlantis kreiert sich neu, Kinder des Lichts, wir drehen nicht die Zeit zurück, es kreiert sich neu, wo es unterbrochen wurde, wo den Drachen die Lust auf Leben genommen wurde, es kreiert sich neu, um euch und in euch. Auf dass Heilung aus dem Prinzip von Gaia ausgehe, auf dass Heilung aus eurer Mitte ausgehe, Heilung des gesamten Bewusstseins.

Es gibt Mittel der Hilfe, aber sie sind Mittel der Hilfe und nicht der Weg des Heils. Heil seid ihr selbst, ihr seid Heilsbringer für dieses Universum der Dualität, und es ist wichtig, dass ihr euch in eurer Christuskraft in die Gemeinschaft der kosmischen Rassen einreiht, als siebtes Volk in die Gemeinschaft der Sternenrassen. Die Erde ist wich-

tig! Ihr seid wichtig, und bitte erkenne: Du bist wichtig für diesen Planeten, für dieses Universum. Du, Kosmischer Mensch, du, ewig reine Blüte, erblühe und erfülle das Universum der Dualität mit deinem Glanz!

Blühe nicht im Verborgenen! Zeige dich! Habe den Mut, dich zu zeigen in deiner Christuskraft und in deiner Christuspräsenz. Einheit ist!

Elyah erzählte uns immer wieder das Gleichnis von dem Käfig und den darin eingesperrten Tieren, die wir sind. Und sie erinnert uns oft an unsere Lebensfreude, fragt, wo sie denn geblieben sei, und bittet uns, unsere Lust am Leben wieder zu finden, denn Leben macht Lust auf Mehr und Immer weiter, und genau das ist Evolution. Nur wird uns das permanent durch den Käfig, in dem wir uns befinden, beschnitten, weshalb wir es nicht erfahren können, weil wir noch nicht geboren sind, weil wir nicht im Leben sind. Wir sitzen immer noch im Uterus von Karon und träumen einen Albtraum vom Leben. Aber dieser Traum ist nicht die Realität, er ist die Matrix. Den Uterus verlassen wir während der Geburt, – und das ist Hoffnung, ich will ins Leben gehen. Ich will mich erschaffen, ich will mich gebären.

Du setzt dem Konflikt oder dem Problem einfach die Erschaffung entgegen. Und es findet Begegnung zwischen Konflikt und Erschaffung statt. Und dann löst es sich nicht auf, sondern beide bleiben gleichberechtigt nebeneinander stehen. Und das „Problem" ist für dich dann kein Problem mehr. In unserem Sprachgebrauch würde es sich dennoch auflösen, aber durch eine vollkommen andere Herangehensweise. Es bleibt in der Energiepotenz erhalten, du nimmst dieses Potenzial und erschaffst damit neu. Du bist dann nicht mehr problemorientiert, sondern lösungsorientiert, würde der Pädagoge sagen. Und genau darum geht es.

Jetzt sind wir noch problemorientiert: Wie löse ich dieses oder jenes Problem, Disharmonie, Muster. Wir sind alle darauf konditioniert, das Problem zu lösen anstatt zu erschaffen, und zuletzt glauben wir noch, wir müssten eine Lösung erschaffen. Das ist ebenfalls ein Irrtum! Sobald wir eine Lösung erschaffen haben, kommt das nächste Problem. Das liegt in der Natur der Dinge.

Wir sollten nicht eine Lösung erschaffen, sondern mit der Energie des Problems etwas Neues erschaffen.

Das löst das Problem dann automatisch, was aber von der Wortwahl eigentlich nicht richtig ist, denn es ist auf einer völlig anderen Energie aufgebaut.

Das Problem ist eigentlich nicht gelöst, es bleibt nach wie vor vorhanden. Lass uns sagen: Es eröffnet sich ein anderer Weg, mit dieser Energie umzugehen. Dann sind wir in einem neutralen Bereich, denn die Wertung bindet uns an das Problem. Und damit schließt sich wieder der Kreis.

Wir haben auch Angst vor der Geburt, weil die Geburt auch ein Prozess des Todes ist. Das Baby verlässt seine gewohnte Umgebung, wo es sich entwickelt, wo es sich erschaffen hat. Es verlässt diese Welt und weiß nicht, wohin es geht. Es geht in etwas völlig Unbekanntes und Neues.

Das ist bei unserer „Auswilderung“ genau dasselbe: Wir gehen in etwas völlig Unbekanntes und Neues, und das macht Angst. Das ist eine natürliche Reaktion, denn was ich nicht kenne, macht mir Angst, da bin ich besonders wachsam und vorsichtig. Wenn ich zum ersten Mal Eis laufen gehe, ist es ungewohnt und rutschig. Die schmalen Kufen und das glatte Eis. Selbst Tieren geht es ebenso, zum Beispiel der Hauskatze: Wenn sie zum ersten Mal in den Garten kommt, ist ihr Schwanz eingezogen, sie duckt sich, hat Angst, was passiert.

Elyah und Kiria Deva geben uns die Möglichkeit, einmal zur Geburt zurückzugehen und das zu empfinden, denn es geht nicht um Musterauflösung und nicht um Prozesse. Es geht darum, diesen Geburtsprozess einzuleiten, so wie es mit einem Wehentropf geschieht.

Und sie bittet uns:

Geht doch einmal in die sechste Malat-Tugend, diese ist die Gnade, denn ohne Gnade könnt ihr alleine nicht heraus, weil ihr in der Schwingung der Manipulation von Karon seid. Die Ungnade besteht darin zu glauben oder euch vorzugaukeln, ihr könntet da heraus, wenn ihr diesen Prozess oder jenes Seminar macht, diese Ausbildung oder jenen Kurs. Das ist das Gefährliche daran.

Ihr könnt jedoch nur dann da heraus, wenn ihr euch neu erschafft. Und davor hat die Matrix die größte Angst, denn dann hat sie verloren, dann zieht Manipulation nicht mehr. Geht in die Geburt, rutscht in den Geburtskanal, und das Leben gebiert euch neu.

Das ist doch auch wieder ein neuer Prozess, ein neues Hilfsmittel?

Ja, aber bei diesem Hilfsmittel geht es nicht darum, deine Blockaden, deine Krankheit oder deine Schlechtigkeit aufzulösen, sondern es geht darum, dich in die Erschaffung zu bringen. Du erschaffst dir das ja selbst, und wenn du das tust, erkennst du deine Erschaffungskraft. Es ist ein Erkennen, eine Geburt, und damit erschaffst du dann jeden Tag neu. Du hast damit nichts zerstört, du hast damit nichts kuriert oder gemacht, sondern du hast einfach angefangen zu erschaffen. Du lernst, zu erschaffen. Du gehst zurück ins Leben, in die kosmische Harmonie, zurück zu deiner Natur.

Du versuchst, mit dem Strom zu schwimmen oder dich gegen ihn zu stellen, aber weder das eine noch das andere geht! Du bist der Strom des Lebens, also fließe! Es schwimmt dich, und dass es dich schwimmt, ist das Gesetz des Lebens.

☆☆☆

Elia (mein jüngster Sohn), ist ein paar Tage alt, und er hat nichts dafür getan. Er lebt einfach, und es ist für ihn herrlich unkompliziert, und dennoch wird er versorgt. Es lebt.

Elyah sagt, und das sind genau die gleichen Worte, die auch Jesus verwendete: *Wenn ihr nicht werdet wie die Kinder!*

Denn das ist ein kindhaftes Prinzip, die leben einfach. Und Jesus hat darauf immer wieder hingewiesen!

Da du das große Leben auf dich beziehst, stirbst du in der Hoffnung, ewig zu leben und steigst so von Wiedergeburt zu Wiedergeburt. Der Kosmische Mensch ist keine Reinkarnation, er ist im eigentlichen Sinne Inkarnation, ins Fleisch gebrachter Geist, der Ausdruck des Lebens. Und das ist nicht nur einfach gesagt, das ist einfach. Warum sollte Elyah eine einfache Sache, die ein universelles Prinzip ist, verkomplizieren? Die Komplexität des Geschehens liegt darin, dass wir dieses Lebensprinzip an unseren Erfahrungen messen, und das geht nicht.

Und der *Atlantische Schlüssel III, Exodus* oder die *Sternensteinessenzen* sind ein Impuls dazu, schleusen dich in den Puls, führen dich in die Blutbahn des Lebens ein, initiieren dich in den Strom.

Die Manipulation von Karon fragt immer nach Recht. Wer hat Recht, obwohl wir über die gleichen Begriffe reden. Der fundamentalistische Moslem sagt: Allah ist Liebe; der fundamentalistische Christ sagt: Gott ist Liebe. Wenn man die beiden Menschen zusammensetzt, würden beide von sich behaupten, sie seien in der Liebe, der eine bekommt die Liebe von Allah, der andere bekommt die Liebe von Gott. Und dann beginnen sie zu diskutieren, und beide sind in der Liebe. Aber die Definition ist persönlich, und genau das ist Karons Macht der Manipulation, und beide fühlen sich im Recht. Der Christ möchte den Moslem überzeugen, und der Moslem möchte den Christen überzeugen. Anstatt sich in den Arm zu nehmen und zu sagen: „Wir haben beide Recht, wunderbar, ich lebe es in meiner Weise und du in deiner. Lass uns uns begegnen und uns austauschen über das, was uns eint, dadurch wird das ausgetauscht, was trennt.“

Und das ist genau das Problem, das sich durch alle menschlichen Bereiche hindurchzieht. Ob das Partnerschaft, Politik, Gesellschaftsformen oder anderes ist. Es ist immer das gleiche. Das ist die Kraft der Manipulation. Wir haben geglaubt, indem wir uns trennen und weiter aufspalten, lösen wir das Problem. Wir gehen vom Hundertsten ins Tausendste, aber das ist nicht die Lösung. Im Gegenteil: Wir müssen immer den größten gemeinsamen Nenner finden, denn sonst finden sich immer mehr Differenzen, und das ist sehr wichtig in Dialogen oder Auseinandersetzungen jeglicher Art. Das ist eine Eigenschaft, die auch der Atlantische Schlüssel III im Verbund mit dem 2er Amethyst hat: den größten gemeinsamen Nenner zu finden.

Das ist auch in medizinischer Hinsicht von Bedeutung. Dem Körper zu erklären, wo das größte Gemeinsame ist. Zum Beispiel bei Krebs: Ich will leben. Wenn ich aus der Krebszelle diesen Satz in mich wirklich eindringen lasse, hört der Krebs auf. Weil er genau das bekommt, was er will. Er muss es nicht mehr erschaffen. Er bekommt die Energie und die Kraft dazu, weil du ein Ausdruck der Christuskraft bist, weil du Schöpfer bist. Wenn der Krebs wuchert, hast du eine Kreation des „Unterschöpfers“, du hast einen eigenen Schöpfer in dir, und dieser möchte das gleiche wie du, er möchte leben. Er braucht von dir die Antwort, er braucht das OK: Ich will leben. Wenn du ihm dieses OK gibst, hört diese unheilige Symbiose auf. Das heißt, das Lebensprinzip ist unteilbar, es ist das einzige Prinzip, das im Universum der Dualität nicht geteilt worden ist. Leben ist gleich, im Licht und im Schatten.

Ein Krebs kann nur dann entstehen, wenn die Energie der Zerstörung aufgenommen wird und diese Energie der Zerstörung deinen Körper gebrauchen darf. Dann kippt sie in die Richtung: Ich will leben, und beginnt zu leben und zu wuchern. Wenn du sagst: In Ordnung, ich kämpfe nicht gegen dich, ich möchte meinen Krebs nicht besiegen, ich möchte mit und in dieser Energie sein, die im Grunde lebenserschaffend ist, dann löst er sich auf, weil dein ganzes System dann ein Lebensprinzip ist.

☆☆☆☆☆

Atlantischer Schlüssel V

Der Atlantische Schlüssel V ist ein Schlüssel der Isolation. Er gehört eigentlich nicht zu den anderen dazu, denn bei diesen anderen geht es immer um Kontakt oder um Verbinden.

Dieser hier ist ein isolierender Schlüssel, ein Instrument, das trennt, und zwar, um sich begegnen zu können. Dazu ist in der Dritten Dimension, in unserer Matrix, die Erfahrung von Trennung wichtig. Was wir im Moment leben, ist eine Art halbherzige Trennung, weil wir Trennung für eine Illusion halten. Darauf reagiert der Körper über einzelne Organsysteme. Wir sprechen zum Beispiel von zwei Flüssigkeits-Kreisläufen im Körper, Blut und Lymphe. Die sind aber im Grunde nicht getrennt, denn das eine bedingt das andere über den Prozess der Osmose.

Der Atlantische Schlüssel V sorgt dafür, dass disharmonisierende Teile im System abgetrennt und in der Isolierung geheilt werden, um dem Gesamtorganismus neu zugeführt zu werden. Du kannst dir das vorstellen wie die Vorbereitungen für eine Hochzeit. Die Braut kommt in einen eigenen Raum, wird dort angekleidet und geschmückt und für die Hochzeit vorbereitet. Und genau das macht er, der fünfte Atlantische Schlüssel: Er ist der Schlüssel zu den Schlüsseln. Der 5er ist eigentlich der 1er, wenn es sich um ein organisches Thema handelt. Er ist sehr gut mit allen anderen Schlüsseln einsetzbar und kompatibel zum Beispiel mit dem Kontaktdom. Er stellt die Frage: „Willst du mir begegnen?" Hier geht es um Begegnung. Die Frage:

Bin ich bereit, dir Antwort zu geben, ist ein Teil des 5er Schlüssels.

Lasst es uns am Beispiel Leberentzündung erklären:

Um eine Leberentzündung auszuheilen, muss dieses Organ energetisch isoliert werden, denn die Leber ist mit ganz vielen Lebenskreisläufen verbunden und zieht mit ihrer Entzündung auch andere Teile ihres Umfeldes in Mitleidenschaft. Irgendwann kommt dann ein unklarer Befund, und du weißt nicht mehr, ist es der Dünndarm, der Dickdarm oder ein anderes Organ, das jetzt die Ursache der Krankheit ist, denn wenn die Leber leidet, leidet das gesamte Umfeld mit. Wenn du jedoch die Leber energetisch von den anderen isolierst, kannst du die Disharmonie in der Leber behandeln, ohne das Umfeld in Mitleidenschaft zu ziehen, denn wenn du die Leber, ohne sie zu isolieren, behandelst, kann es sein, das du das umliegende Gewebe beeinträchtigst, da dass, was im Moment für die Leber im Moment sehr harmonisierend ist, für die Galle zum Beispiel sehr störend sein könnte. Der Atlantische Schlüssel V hilft dir dabei, dieses auf der organischen Ebene zu verhindern. Das bedeutet, du grenzt die Disharmonie ab, und dann bedienst du dich einer anderen „Behandlungsweise", um dieses Abgegrenzte in die Harmonie zu bringen. Dann wird der 5er wieder genommen, um dieses veränderte Teil wieder in die Gemeinschaft einzufügen, was ebenfalls eine Abgrenzung ist, weil der Gesamtorganismus die Leber wieder annehmen muss. Denn sie hat sich verändert (oder transformiert) und muss so, wie sie jetzt ist, wieder eingefügt werden. Dazu muss vorher das gesamte System der Organe wieder in die Isolation, was sich in mehreren Stufen aufbaut.

Wenn ein Mensch krank ist, ist das gesamte System in Disharmonie. Wenn die Leber erkrankt ist, ist der gesamte Mensch erkrankt. Nach der Isolierung mit dem Atlantischen Schlüssel V und ihrer Behandlung kommt die geheilte Leber zurück in den Verbund der Organe. Sie wird jedoch vom Gesamtsystem in ihrer Schwingung als Disharmonie empfunden, weil der Gesamtorganismus noch auf die Schwingung der kranken Leber eingestellt ist und in einer Disharmonie schwingt. Wenn du jetzt die geheilte Leber hinzugibst, wird diese vom kranken Körper als unharmonisch empfunden, und das ist bei vielen spirituellen Heilungen ein Problem, weswegen die Heilungserfolge oft so gering sind. Es ist wie bei einer Organtransplantation: Der Körper wird das Organ abstoßen, weil es nicht mehr in das Gesamtgefüge passt.

Der 5er sorgt durch die Kraft der Isolation erst einmal dafür, dass das Organ, das in Disharmonie ist, isoliert und behandelt wird. Er sorgt aber auch dafür, dass das transformierte Teil in Einheit angenommen werden kann, indem er das Gesamtsystem isoliert und es ebenfalls in Heilung bringt. Es sind also zwei Wege. Der eine Weg behandelt die Leber, der andere behandelt den Körper, dann wird das Ganze in der Schwingung der Harmonie wieder zusammengefügt.

Der 5er, und das ist die spirituelle Ebene, hebt die Matrix der Trennung auf, indem er gerade die Energie der Trennung benutzt. Er geht nicht gegen die Trennung vor, sondern arbeitet mit der Energie der Trennung, er transformiert sie auch nicht, sondern er benutzt sie. Minus mal minus ergibt plus. Das heißt: Er benutzt die Energie, die eigentlich zerstörerisch wirkt, zur Heilung.

Er trennt das kranke Organ von dem dadurch in Mitleidenschaft gezogenen und sich ebenfalls in Disharmonie befindlichen Rest des Körpers, dann wird die „Krankheit oder Disharmonie" der Einzelteile behandelt und als harmonische Teile wieder ins Gesamte zusammengefügt.

Das gleiche macht der Atlantische Schlüssel V im spirituellen Bereich, und auch hierzu ein Beispiel zur besseren Verständlichkeit:

Du bist Im Jahre 1296 als Ketzer verbrannt worden. Das ist deine persönliche Erfahrung, weshalb du eine Affinität zu Feuer hast. Diese muss nicht negativ sein, sondern kann sich auch so äußern, dass du Vulkane oder Lagerfeuer besonders gerne magst. Jetzt nehmen wir den Fall, du würdest unter dieser Erfahrung leiden und hättest eine Phobie oder Angst vor Feuer. Der 5er bringt dich spirituell in die Isolation zu diesem Thema und lässt dich die Verbrennung neu erleben. Dieses geschieht in deinem gesamten System, die Energieladung wird nochmals aktiviert, und zwar als Weg der Lichtwerdung und nicht als Weg der Zerstörung oder des Leides. Die gleiche Energie wird noch einmal erzeugt, aber der Erfahrungswert ist ein anderer.

Jetzt gehen wir in die emotionale Ebene. Du leidest noch immer darunter, dass dir das widerfahren ist. Es ist ungerecht, dass die Kirche dir das angetan hat; dass du dieser Macht ausgesetzt warst, und so weiter. Das ist ein emotionales Thema, und es kann sein, dass du deswegen nicht mit Menschen arbeiten kannst, die dir mächtiger erscheinen als du selbst es bist. Auch in diesen Themenbereich führt dich der Atlantische Schlüssel V hinein, indem er diesen Bereich isoliert. Er konfrontiert dich dadurch wieder mit der gleichen Energie, ohne dass du durch einen Prozess gehst. Die Energie verändert sich auch nicht, aber die emotionale Erfahrung, die Ladung auf das Thema, wird gelöst. Der Schlüssel fügt nicht hinzu und er nimmt nichts weg, er isoliert, verändert die Ladung und baut dann neu zusammen.

Elyah sagt dazu Folgendes:

Stell dir den menschlichen Körper vor: Die gesamten feinstofflichen Körper, die verschiedenen Schwingungsbereiche der Aura, die Felder, sind so etwas wie ein Puzzlebild. Der 5er nimmt es komplett auseinander und fügt es dann neu zusammen in einer Bewegung nach außen und einer Bewegung nach innen. Dieses Legesystem symbolisiert den Urknall, das Nach-außen-gehen und das Sich-wieder-zusammenziehen. Innerhalb deiner Matrix löst der Schlüssel diese Matrix auf. Du erkennst Matrix als das, was sie ist. Du erkennst, dass Dinge, die für dich real sind, nicht real sind. Du erkennst aber auch, dass Dinge, die dir als irreal erscheinen, real sind. Und das geschieht über das Prinzip der Isolation, und das ist nicht das Prinzip der Trennung, sondern das der Entwicklung.

Stell dir das wie ein befruchtetes Ei vor: Es ist isoliert und durch seine Schale von der Umwelt getrennt und bildet einen eigenen Kosmos innerhalb eines Kosmos. Dort beginnt das Wunder des Lebens, nicht in der Gemeinschaft. Wenn das Küken herangereift ist, verlässt es diesen Kosmos und geht in den nächst größeren. Wenn ein Mensch stirbt, passiert genau das gleiche. Er geht aus dem Ei heraus und ein in den nächst größeren Kosmos.

Und genau das macht der 5er auch im emotionalen und spirituellen Bereich. Er öffnet die Eierschale, und du gehst hinaus aus der Isolation, indem er diese Energie benutzt. Es ist kein transformatorischer Schlüssel, denn Transformation bedeutet Veränderung. Er verändert nicht deine Energie, er verändert die Möglichkeit der Entwicklung. Die Energie bleibt gleich, er benutzt sie nur, um dir eine andere Ladung zu ermöglichen, denn diese kreierst du selbst, und da liegt das Geheimnis dieses Legesystems (= der Schlüssel zum Schlüssel, denn verändert werden kann mit dem Grundschlüssel, dem Lebensschlüssel, dem 3er Schlüssel oder anderen Techniken).

Du benutzt diesen 5er Schlüssel, um das Prinzip der Dualität in einem heilsamen Prinzip aufzubauen. Er symbolisiert die nicht geheilte Seite von Orion, das ist die Kraft, die in ihm steckt. Nach Elyah ist die Kraft des Trennens oder Isolierens ein kosmisches Prinzip des Rückzugs, ein Prinzip des In-Anspruch-Nehmens eines Raumes zur Entwicklung. So wie beim Ei: Wenn das Hühnerei keine Schale hätte, könnte sich das Leben darin nicht entwickeln, denn die Einflüsse des größeren Kosmos würden es daran hindern.

Isolation bedeutet für die Menschen immer Trennung. Die Isolation, die dieser Schlüssel symbolisiert, hat jedoch nichts mit dem Feiern der Trennung zu tun, so wie sie durch den Blitz von Karon geschaffen wurde. Es gibt Momente, wo du dich aus der Routine, deinem täglichen Trott oder festgefahrenen Strukturen, ausklinken musst, um die nächste Ebene zu erreichen. Du gehst wirklich heraus aus dem Alltag. Der 5er birgt in sich die Qualität der Isolation, er ermöglicht dir Evolution, indem er Teile in dir isoliert.

Um an einem Herzen zu operieren, muss man es stillstehen lassen, die Arbeit übernimmt die Herz-Lungen-Maschine, der 5er Schlüssel. Danach bekommt es wieder einen Impuls, es beginnt zu schlagen, und man braucht die Maschine nicht mehr.

Und so sind die Legesysteme für den Atlantischen Schlüssel V aufgebaut:

☆☆☆

Legesystem für den physischen Körper

- Der 6er-Kristall befindet sich stehend auf dem Dritten Auge.
- Der 4er liegt auf dem Solarplexus mit der Spitze nach unten.
- Der 3er stehend in der linken Hand.
- Der 5er stehend in der rechten Hand.
- Der 1er stehend oberhalb des Kopfes.

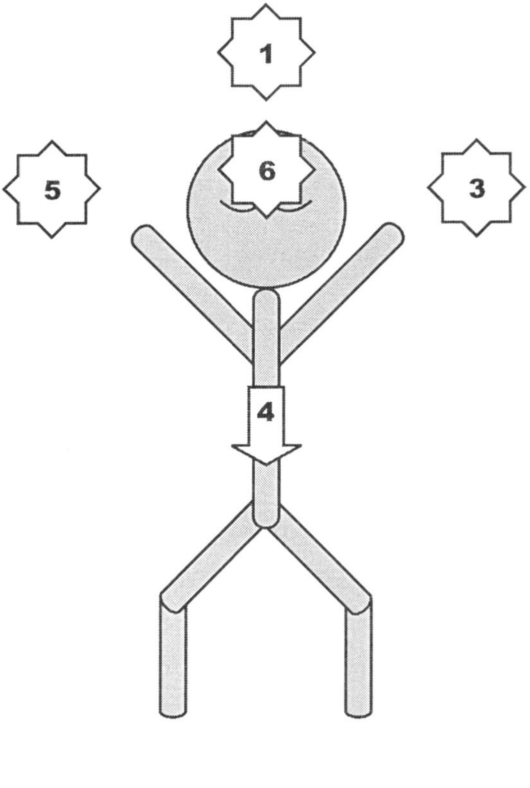

Legesystem für den emotionalen Körper

- Der 6er-Kristall liegt auf der Höhe der Knie zwischen den Beinen, mit der Spitze nach unten.
- Der 4er auf dem Solarplexus mit der Spitze nach oben.
- Der 3er stehend beim linken Fuß.
- Der 5er stehend beim rechten Fuß.
- Der 1er stehend oberhalb des Kopfes.

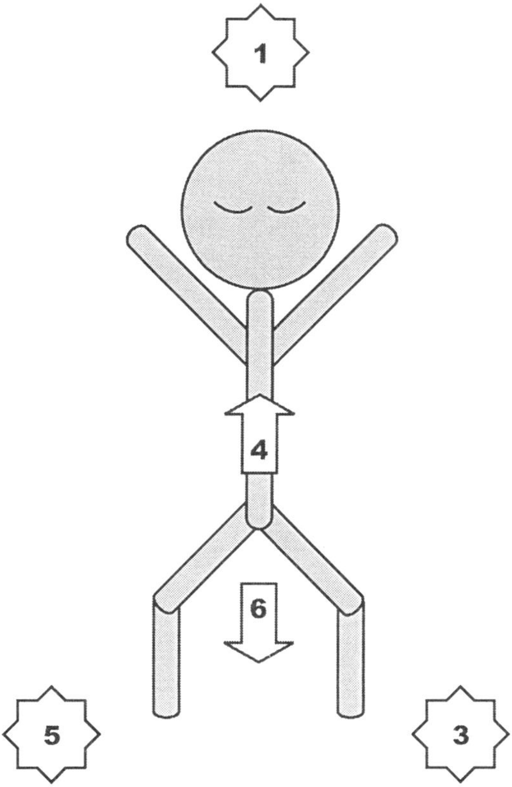

Legesystem für den spirituellen Körper

- Der 6er-Kristall befindet sich in der rechten Hand, mit der Spitze zum Puls.
- Der 4er in der linken Hand, mit der Spitze vom Körper weg.
- Der 3er stehend auf der linken Seite in Höhe des Ohrs.
- Der 5er stehend auf der rechten Seite auf der Höhe des Ohrs.
- Der 1er stehend oberhalb des Kopfes.

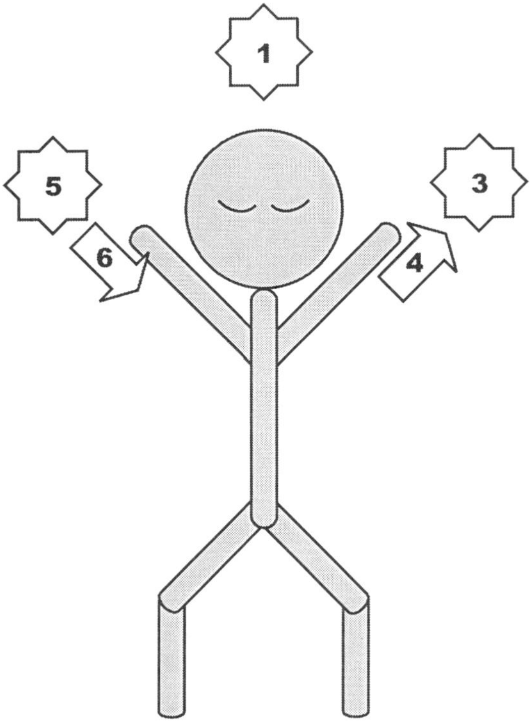

Der 2er-Kristall ist bei diesem Legesystem der Schlüsselstein, der Energielenker, und errichtet bei allen drei Varianten ein Energiefeld. Er liegt nicht am Patienten, sondern befindet sich außerhalb der Kraftfelder in der Hand des Menschen, der behandelt.

Die Spitze des 2ers ist auf die anderen fünf Steine ausgerichtet. Du als Behandler gehst um den Menschen herum und schlägst diese Kristalle sachte mit dem 2er-Kristall in deiner Hand wie bei einem Xylophon an, hierbei gehst du in der Reihenfolge nach deiner Intuition vor. Dieses Anklicken der Steine entspricht dem Laut der Buckelwale, es ist eine Ebene der Kommunikation. Dadurch initialisierst du die Isolation.

Eine Behandlung mit dem Legesystem V besteht immer aus drei Teilen: Einem Vorgespräch, der Behandlung mit den Kristallen und eventuell einem Nachgespräch. Du musst dir vorher gemeinsam mit dem Klienten darüber klar werden, um welches Thema es geht. Auch die Behandlung selbst ist wieder dreigeteilt – in Isolation, Heilung und Zusammenfügung.

Die 2er-Kristalle verbinden die Ebene deines Hohen Selbst, deine Seelenebene, mit der Ebene des Klienten. Das bedeutet: du behandelst dich selbst im Behandeln des Klienten. Mensch behandelt Mensch – eine Einheit.

Das ist ein etwas heikles Thema und bedarf einer näheren Erklärung:

Elyah geht davon aus, dass, wenn ein Mensch mit einem gebrochenen Fuß zu dir zur Behandlung kommt, auch du den Fuß gebrochen hast. Weil du ein Mensch bist. Wenn eine Katze auf der Welt leidet, leiden alle Katzen! Wenn ein Mensch auf der Welt eine Krankheit, eine Disharmonie hat, haben es dann alle, das ist durch das morphogenetische Prinzip bedingt, dem wir alle unterliegen. Der 5er Schlüssel arbeitet über dieses Prinzip. Du übernimmst diese Disharmonie als Behandler und wunderst dich plötzlich, dass du im Leben nicht mehr weitergehst. Kannst du auch nicht, weil du einen gebrochen Fuß hast. Natürlich hast du ihn nicht grobstofflich gebrochen, du hast jedoch diese Energie, nimmst sie ganz anders und lebst sie anders aus. Bei dem einen hat sie die Form des grobstofflich zerborstenen Knochens. Bei dir sorgt sie vielleicht dafür, dass du mit gewissen Menschen nicht mehr „um-gehen“ oder aus einer Situation nicht mehr heraus-gehen kannst. Das ist für dich praktisch auch ein gebrochener Fuß, und deshalb haben wir die Verstrickungen, den Kuddelmuddel in der Matrix, denn das Kosmische Prinzip ist folgendermaßen: Eine Frau hat Brustkrebs, sie wird jedoch wieder gesund, sie heilt sich. In der Natur wird dann diese Information der Heilung sofort in die Gene weitergegeben und der Brustkrebs taucht in den Folgegenerationen durch eine Mutation in den Genen gar nicht mehr auf.

Der Schild und die Matrix verhindern, dass wir in diesem Sinne mutieren, denn er kommt immer wieder und wieder, weil das oben genannte Prinzip dahinter steht. Du sagst zum Beispiel zu einem Menschen: „Gut, ich behandle jetzt deinen Brustkrebs.“ Und in dem Moment, wo du dieses denkst oder aussprichst, hast du als Behandler ihn schon, weil du die Energie, sobald ein Mensch mit dieser Intention zu dir kommt, bereits in deinem eigenen System hast. Allerdings setzt du Energie anders um: Du wirst also kein Karzinom in der Brust bilden, aber vielleicht kannst du deine Familie nicht mehr ernähren, weil das ernährende Prinzip, das hinter der Brust steht, gestört ist. Du kämst nie auf die Idee, dass du in diesem Fall „Brustkrebs" hast, und das ist das Perfide daran, das ist der Hintergrund, du kommst gar nicht drauf. Denn da sagt der Schild dann ganz klar: Wehre dich, schütze dich, und schon bist du wieder in diesem Kreislauf gefangen.

Und darum sagt Elyah, du behandelst dich in dieser Form selbst.

Du als Behandler nimmst dem Menschen diese Energie ab, du isolierst sie. Du hast jetzt keinen gebrochenen Fuß, aber du hast ihn doch, nur auf einer anderen, der feinstofflichen Ebene.

Elyah sagt, jeder Mensch, der zu dir kommt und sich in der Ebene des Atlantischen Schlüssels V behandeln lässt, ist zur gleichen Zeit auch eine Evolution für dich. Während du arbeitest, isolierst du auch bei dir und gibst dir dadurch eine Möglichkeit zur Evolution. Das trifft auch auf jedes Clearing oder jede andere Behandlung zu. Die Ebene der Evolution betrifft beide, den Behandelten und den Behandler, und dabei entsteht beim 5er eine Interaktion der Isolation. Weil diese Ebenen bei beiden isoliert werden, entsteht der Freiraum zur Begegnung, weil das, was dort isoliert wird, Begegnung verhindert. Der gebrochene Fuß zum Beispiel verhindert die Begegnung. Eine wunderbare Frau kommt, und in dir wächst der Wunsch, mit ihr zu tanzen, doch mit dem gebrochen Fuß geht das nicht. Eine Begegnung auf dieser Ebene ist nicht möglich, auch wenn du es dir noch so sehr wünschen würdest.

In allen drei Varianten, sowohl für den Körper, für die Seele und für den Geist, werden Energiefelder aufgebaut: Bei der ersten Variante ein rechtsdrehendes Ionenfeld, bei der zweiten ein linksdrehendes und bei der dritten ein gegenläufiges Tachionenfeld (dieses läuft gleichzeitig wie bei einer liegenden Acht in beide Richtungen, der Schnittpunkt ist der Körper; dadurch wird die Einstrahlung der Seelenebene bis in die Materie ermöglicht). Es ist möglich und auch oft sinnvoll, mit allen drei Behandlungsvarianten in einer Sitzung zu arbeiten.

Die Vorgehensweise ist immer gleich, es werden immer die Steine angeschlagen, dadurch wird eine Kommunikation der kristallinen Gitter mit den Ebenen des Körpers hergestellt. Wenn du einen Atlantischen Schlüssel anschlägst, geht der Klang bis in die kristallinen Ebenen durch. Das bedeutet in etwa: „Da bin ich, und ich bitte um Antwort."

Sobald du das gemacht hast, geht dieser Impuls in die kristalline Schicht hinein und wird zurückgestrahlt, und zwar in die Ebene, die du gerade behandelst. Deshalb die unterschiedliche Aufstellung der Kristalle.

Die Größe der Kristalle ist dabei nicht von Bedeutung, obwohl der Klang verschieden ist. Er geht auch bei kleinen Kristallen bis in die kristallinen Schichten. Es wäre natürlich für eure Ohren besonders schön, wenn ihr den Atlantischen Schlüssel in 40 – 60 cm großen Spitzen hättet. Diese klingen und vibrieren dann in sich. Man könnte sie auf ein Holzkästchen als Resonanzkörper stellen, um den Klang zu verdeutlichen. Das ist nicht erforderlich, schafft aber eine schöne Atmosphäre.

Dabei findet eine Interaktion, eine Kommunikation, mit den 144 Ebenen des kristallinen Meeres statt. Indem man die Kristalle anschlägt, wird diese initialisiert, die Verbindung ist der Behandler, der den 2er-Kristall in der Hand hält, der ihn über sein Hohes Selbst mit seiner eigenen Seelenebene verbindet. Der Behandler symbolisiert das Morphogenetische Feld, und während er die Kristalle anschlägt, geht der Impuls zu den kristallinen Schichten: Hallo, da bin ich! Und der Kontakt wird zum 2er-Kristall hergestellt und nicht zu den fünf anderen Kristallen. Mit diesen gibst du nur vor, wie die Antwort sein soll, in welche Ebene sie gehen soll. Der Kontakt erfolgt über den Kristall Nummer zwei, die Energie geht durch den Behandler hindurch, isoliert das Thema bei ihm und schaut sich an, wie die Matrix gelagert ist. Der Behandler schlägt weiter an, und die Antwort kommt für den Menschen zurück, der dort liegt. Zuerst werden du und dein Thema isoliert. Dann das Thema beim Klienten. Das Schwingungsfeld, das diese fünf Steine aufbauen, ist quasi wie eine Schieferplatte, auf der die Kristallebene schreibt. Und sie schreibt über dich die Information, die dieser Mensch spezifisch in seiner Lage gerade benötigt. Die fünf Steine errichten sozusagen die Schiefertafel und du als Behandler bist der Griffel.

Nun noch einmal als Zusammenfassung die konkrete Vorgehensweise am Beispiel einer Darmentzündung.

- Vorgespräch: Das Thema „Darmentzündung" besprechen.
- Aufstellung des Atlantischen Schlüssels V für organische Beschwerden.
- Isolation des Organs durch Anschlagen der fünf Kristalle in intuitiver Reihenfolge über die Seelenebene. Dies sendet den Impuls: Hier bin ich.
- Über die Verbindung mit den kristallinen Ebenen kommt die Antwort über das eigene System und den 2er-Kristall zum Klienten zwischen die fünf Steine des Atlantischen Schlüssels. Diese strahlen dann die Antwort in die Ebene ein, wo sie gebraucht wird, in dem Fall im Darm.
- Dann werden die Kristalle nochmals angeschlagen, hierbei sprichst du das Thema oder Organ an, um das es geht, wodurch der heilende Prozess in Gang gesetzt wird.
- Dann wird nicht mehr angeschlagen. Du ziehst dich zurück und wartest mindestens acht Minuten. So lange braucht das Energiefeld, um das Organ zu isolieren. Dabei findet auch eine Veränderung statt, das Organ wird aus dem Gesamtgefüge herausgenommen und der Heilungsprozess beginnt. (Das läuft automatisch, denn über die 144 Kristallschichten wird die neue Information auf die Tafel geschrieben. Man kann an dieser Stelle auch mit einer anderen Form des Schlüssels

oder anderen Techniken der Heilung arbeiten.)

- Nun werden die Kristalle wieder angeschlagen, und damit wird der Rest des Systems isoliert. Die Informationen für den „Restkörper" kommen wieder über die 144 Ebenen und werden über den 2er auf das Gesamtfeld eingespielt. Das dauert wieder ungefähr acht Minuten, und dann führst du zusammen.
- Das Zusammenfügen geschieht, indem du alle Kristalle vom Körper weggibst und im Kreis um den Klienten aufstellst. Sie müssen keine bestimmte Position einnehmen, es darf nur kein Stein mehr am Körper sein. Dieses sieht dann wie ein 5er Mandala aus. Dadurch entsteht eine photonisierende Energie, ein Photonenkreis, und dieser bringt die beiden Elemente wieder zusammen. Man kann in einer Sitzung auch mehrere Isolationen durchführen, diese können vom System integriert werden und sich neu begegnen.
  Die Einwirkung des Kreises sollte zehn Minuten nicht überschreiten, weil sonst der Umkehreffekt wieder eintritt. Das Ganze ist ein zyklischer Kreis, nach dieser Zeit kann es geschehen, dass sich das System wieder trennt.
- Du kannst komplett durch alle drei Ebenen gehen, denn ein Thema kann ja Auswirkungen auf allen Ebenen haben. Die Leber ist entzündet, weil ein *Pastlife* (früheres Leben) dahinter steht, und das ist auf der Seelenebene festgefahren, weil der Mensch diese Erfahrung sehr intensiv erlebt hat, und zwar in vielen Leben. Das kannst du alles in einer einzigen Sitzung

behandeln. Es überfordert den Patienten und belastet das gesamte System nicht, da alle Themen in sich geschlossen behandelt werden. Das ist der Vorteil der Isolation. Der Rest vom System bekommt nichts davon mit.

Nimm das Bild eines Puzzles: Das Puzzle dehnt sich aus, die einzelnen Teile bekommen Zwischenräume, dann kommst du mit einem Pinselchen und fegst dazwischen aus und setzt das Ganze wieder zusammen. Das entspricht der Bewegung, die bei dieser Technik angewandt wird. Du isolierst den betreffenden Puzzleteil, reinigst und behandelst erst ihn, dann das Ganze, und fügst anschließend wieder alles zusammen.

Ein anderes Bild dafür ist ein Luftballon mit lauter Sternchen: Wenn du ihn aufbläst, siehst du, wie die einzelnen Sternchen auseinandergehen, das Bild verändert sich, und wenn man die Luft wieder ablässt, sind die Sternchen wieder ganz nahe beisammen.

- Diese Behandlung ist kombinierbar mit allen anderen Atlantischen Schlüsseln. Du kannst mit diesem Legesystem beginnen und dann zum 3er übergehen. Du stellst die Kristalle in der entsprechenden Art auf und führst die Behandlung durch, im Anschluss nimmst du wieder das 5er-Legesystem, um die Teile wieder zusammenzufügen.
- Mit dem Mentalfeld verhält es sich genauso. Wenn das Mentalfeld zum Beispiel ein blockierendes Feld ist, dieses nach Beweisen sucht oder die Kontrolle nicht aufgeben kann oder möchte, kannst du es ebenfalls

isolieren. Das ist dann eine Mischform, eine Kombination aus den Legeweisen 2 und 3. In diesem Fall würde man mit dem Legesystem 2 beginnen und dann auf das 3er schwenken, dadurch geschieht die Isolation des Mentalfeldes mit anschließender Behandlung, der Abschluss ist dann das Aufstellen der fünf Kristalle im Photonenkreis, um das gesamte System wieder zu vereinen.

- Die Aktivierung dieses 5er Schlüssels geschieht, wie immer, über den 6er-Kristall. Er ist speziell geladen, und er ist der Empfänger, der mit dem 2er-Kristall kommuniziert. Er speist die Energie in das Feld der Kristalle ein. Er ist mit den zwölf Turmalinebenen geladen, darum kann es sein, dass er seine Farbe verändert, das hängt mit dem atomaren Gitter der Kristalle zusammen. Er kommuniziert mit den Ebenen der Turmaline.
  Die Kristalle Nummer 2 und 6 haben hier immer eine Doppelfunktion als Sender und Empfänger.
- Elyah sagte noch, es sei möglich, dass bei dieser Behandlung Kopfschmerzen aufträten, was an der Schildhaftigkeit läge, sich jedoch in den nächsten Jahren legen würde. Das kann bei beiden geschehen, bei dem Behandler und bei dem Behandelten, denn beide werden bei dieser Methode behandelt. In meiner persönlichen Erfahrung mit diesem Legesystem wurde ich bis jetzt allerdings immer davon verschont!

Der Atlantische Schlüssel ist eine Komposition aus verschiedenen Ebenen. Bei allen Legesystemen des Atlantischen Schlüssels kommt es immer auf die unterschiedliche Komposition an. Die Ebenen bleiben gleich, der Aggregatszustand verändert sich sozusagen, einmal fest, einmal gasförmig, einmal flüssig, und dementsprechend ist seine Wirkungsweise eine andere. Wasserdampf hat eine andere Eigenschaft als Eis. Sie haben verschiedene Programme, jedoch von der Grundstruktur her sind sie dasselbe. Es bleiben Bergkristalle, aber die Informationen und damit die Schwingungen sind verschieden. Sie gehen je nach Programmierung und Legesystem in verschiedene Ebenen hinein.

Mit dem Atlantischen Schlüssel V gibt es noch eine vierte Legemethode. Diese ist für „schildlose Menschen" und dient zur Erhöhung des Durchflusses der Lebensenergie der solaren Systeme. Hiezu benötigt man alle sechs Kristalle:

- Der 6er kommt stehend in die Mitte der Füße, auf die Höhe der Fußchakren,
- der 3er stehend links von den Füßen,
- der 4er stehend rechts von den Füßen,
- der 1er stehend links vom Kopf,
- der 5er stehend in der Mitte beim Kopf,
- der 2er stehend rechts vom Kopf.

Dadurch entstehen wiederum drei Schwingungskreisläufe, nämlich:

- Der 5er kommuniziert mit dem 6er,
- der 1er kommuniziert mit dem 3er,
- der 2er kommuniziert mit dem 4er.

Diese stellen die drei Ebenen der Körper dar, wobei hier die Kristalle nicht angeschlagen werden müssen. Jetzt beginnt der Schlüssel automatisch, die drei Ebenen Körper, Emotionalfeld und Seele mit den Ebenen der Kristallschichten und den Turmalinebenen zu verbinden und auszutauschen. Diese Variante benötigt zwei bis drei Minuten. Das kannst du dir vorstellen wie eine Neuprogrammierung. Sie hilft bei allen Synthesen und Anpassungen und erleichtert dir so das Leben. Dieses Legesystem sollte eigentlich mit zur „Hygiene“ der „Schildlosen“ gehören. Weil jeder Tag der Matrix eine andere Anforderung stellt und du dir so jeden Tag dein Update, dein Download, holst.

Was geschieht, wenn ein Mensch mit Schild dieses versucht?

Gar nichts, es läuft nichts, die Energie ist nicht kompatibel und reibt sich am Schild.

Wie kann man Umprogrammierung in diesem Zusammenhang verstehen?

Jeder Tag der Matrix stellt andere Anforderungen an deine Person, du lebst als Mensch in einer Matrixform, und hier erkennst du die Matrix, du erkennst, dass der Schild fast alle Antworten auf Dinge des Lebens gibt. Warum betrügt dich gerade jetzt dein(e) Partner(in), weil er (sie) einen Schild hat. Aber du musst damit umgehen. Und da nimmst du die Ressourcen der Erde, weil die Menschen, die mit dir Kontakt aufnehmen, Kinder dieser Erde sind. Das heißt, du schwingst dich auf die Ebene ein, die dir begegnet. Und das kannst du über den 5er Schlüssel in dieser Legeweise für den ganzen Tag machen, aber auch zwischendurch. Wenn du solch eine Ebene, eine Situation hast, leg dich in den Schlüssel. Lade dich neu für diese jetzige Situation auf. Das geht von selbst und ganz schnell, du entspannst dich während dieser Zeit und du hast genau die richtige Modalität, um dieser Situation zu begegnen. Das wird sich mit der Erhöhung der morphogenetischen Schwingung verändern, es wird immer schneller gehen. Ungefähr ab 2009 wirst du keinen Schlüssel mehr benötigen, dann geht dieser Download von selbst.

Dieses Legesystem bietet eine Unterstützung, um mit der Matrix und dem Alltag leichter umgehen zu können, sich von den verschiedenen Schildtypen nicht mehr schockieren zu lassen. Kardinalsschild, Königsschild, Schild des Sklaven und so weiter. Und dieses Spiel machen die Schilder untereinander, das merken die Menschen gar nicht. Wenn dieses Spiel jedoch nicht mehr funktioniert, dann kommt es zu Spannungen, wenn ein Untertanenschild sagt, ich verneige mich nicht mehr, ich wechsle zum Kardinal oder ich will mit dir nichts mehr zu tun haben, dann rutscht die Situation auf die emotionale Ebene ab, die Schilde sind in diesen Fällen nicht mehr kompatibel.

Das Spiel funktioniert nicht mehr.

Das kann durch Veränderungen in der Matrix oder im Morphogenetischen Feld geschehen. Ich als Königsschild zum Beispiel sehe ja gar nicht ein, einen anderen Schild als höher oder gleich hoch zu betrachten wie meinen eigenen, und dadurch kommt es oft zu extremen Situationen. Wenn wir diese Schilde jedoch nicht mehr haben, wird alles ganz einfach, manche denken, es wäre dann nicht mehr so lustig und das Leben nicht mehr so schön. Das stimmt nicht: Es wird anders, und total spannend. Wenn du dir anders begegnen kannst, spielt Sex vielleicht eine untergeordnete Rolle, während andere Dinge ganz wichtig werden. Dann brauchst du vielleicht wie Kinder ritualisierte Abläufe, um einen Rahmen zu haben und dich zurechtzufinden. Die Schilde der Kinder sind noch viel durchlässiger, sie nehmen viel mehr wahr, und wenn ihnen ein Ritual nicht hilft, bleiben sie in der erweiterten Wahrnehmung und können gar nicht zur Ruhe kommen (Reizüberflutung, Schlafensritual).

Unsere Emotionen sind dazu da, um sie Gaia zur Verfügung zu stellen, die Erde zu heilen, uns an ihrer Schönheit zu erfreuen, an ihrem Glanz, ihren Farben, ihrem Duft, an all diesen Dingen. Das wird jedoch durch unseren Schild alles verkehrt.

Wir werden missbraucht. Wir sind missbrauchte Geschöpfe. Und dementsprechend verhalten wir uns auch, auch emotional. Wir sind Opfer einer kosmischen Manipulation, die von Orion ausging, auch wenn wir dem auf hoher Ebene zugestimmt hatten. Wir sind Opfer dieser

Manipulation, die danach strebte: Weiter, Schneller, Höher, Besser. Und wir versuchen mal, wie das ist mit Disharmonie, Schildhaftigkeit und Trennung, und diese Erfahrung tragen wir heute noch in uns, und deswegen sind wir hier, so wie wir sind, denn die Erde hätte sich ganz anders entwickelt, wenn es dieses Ereignis damals nicht gegeben hätte.

☆☆☆☆☆

Erwartungen, Mangel und Hoffnung

Das Thema des Mangels zieht sich wie ein roter Faden durch unsere Arbeit hier im Lichtgarten, sowohl in Einzelsitzungen als auch in Seminaren und Erdheilungsreisen.

Mangel ist jedoch wie ein schwarzes Loch, es ist eigentlich eine Überfülle an Energie, die alles an sich zieht und so nicht in der Lage ist, etwas anderes als dieses Thema zu erkennen. Die Materie, und damit die Energie, ist in einem schwarzen Loch so dicht und komprimiert, dass sie keine Struktur mehr aufrechterhalten kann und alles an sich zieht und in sich verschlingt.

Und genauso verhält es sich bei Menschen, die sich mit diesem Thema identifizieren. Man kann ihnen Aufmerksamkeit und Zuwendung ohne Ende schenken, es wird nie genug sein, denn jede Form der Energie wird aufgesogen und verliert sich innerhalb der Struktur der Überfülle an Mangel, die Kraft des schwarzen Lochs wird damit genährt und verstärkt.

Deshalb kann solch ein Programm oder Muster auch niemals erfüllt werden, denn jeder Versuch, dieses zu tun, erhöht die Fülle am Mangel. „Be-fried-igt" kann es nur werden, wenn sich das Bewusstsein wandelt und wir erkennen, dass alles vorhanden ist: Eine Fülle an Energie und Licht, ausreichende Fähigkeiten und Qualitäten, die der Mensch für seine Inkarnation benötigt. Und dieses Im-Frieden-sein mit jeglicher Variation dieses Themas gibt dem Schwarzen Loch des Mangels dann die Kraft, wieder aus sich heraus, aus der vorhandenen Fülle, sein Licht und damit seine Kraft und sein Strahlen zu verbreiten, wie die Sonne oder irgend ein anderer wunderbarer Stern am Firmament.

Kiria Deva meint dazu:

Mangel löst sich nicht, indem du versuchst, ihn auszuradieren.

Mangel löst sich, indem du ihn liebevoll belächelst, das Programm und die Matrix, die dahinter stehen. Es ist zu viel Kampf im Auflösen von Mangel, weil Mangel bewertet wird. Beobachte ihn einfach, ohne zu bewerten!

Und erinnere dich dabei selbst immer an deine eigene Göttlichkeit. Wenn du für dich Mangel empfindest, richte dich auf deine Göttlichkeit aus!

Wie könnt ihr euch im Sein befinden, wie soll ein Herz offen sein, wenn ihr euch dauernd mit euren persönlichen Befindlichkeiten beschäftigt, und hier ist das Thema des Mangels nur ein Teil davon. Wenn ihr in der Form damit umgeht, dass es euch verengt. Wir sagen nicht, dass persönliche Befindlichkeiten schlecht sind, wir sagen auch nicht, dass ihr euch nie wieder damit beschäftigen sollt, doch wir bitten euch, gebt ihnen einen anderen Stellenwert, spielt das Spiel der persönlichen Befindlichkeiten in einer Form, dass es euch nicht einengt. Das zu begreifen, ist sehr wichtig.

Denn das Spiel um die persönlichen Befindlichkeiten, beziehungsweise, wenn ihr um die persönlichen Befindlichkeiten kreist, ohne es als Spiel zu erkennen, ist gebunden an Erwartungen, an sehr hohe Erwartungen, und dann seid ihr enttäuscht. Enttäuscht von der Geistigen Welt, vom Leben und von euch selbst. Doch diese Erwartung war es, die euren Zugang verengt. Es ist, als würden zwei Räume sein, die dicht nebeneinander liegen. Eine Tür führt durch und verbindet sie. In dem einen Raum bist du mit deinen Energien und Erfahrungen, wie du sie bis jetzt hattest. Wenn du durch diese Türe gehen würdest, – was du kannst, denn sie ist offen, du musst nur durchgehen –, befindet sich im zweiten Raum zum Beispiel ein Ereignis, das außerhalb der Matrix ist. Dieses Ereignis findet statt in dem Raum nebenan, doch manchmal sind deine Erwartungen so groß, die Enge in deinem System hat sich so ausgedehnt, dass du nicht mehr durch die Tür kommst. Das heißt, selbst wenn du es versuchtest, würdest du in deinem Raum hängen bleiben. Dann bist du wütend und enttäuscht, und dann sagst du, die Geistige Welt hatte nicht Recht. Doch sie hatte Recht, denn das Ereignis ist bereits im Nebenzimmer manifestiert und wartet auf dich und auf die gesamte Menschheit. Erkenne, das machst du mit dir und deinem System, wenn du Erwartungen hast. Und bitte, es geht darum zu erkennen, wie ihr eure Energien lenkt, das ist Mitschöpfertum, – selbst gewahr zu sein, wie ihr eure Energien lenkt. Denn wenn du erkennst, wie du deine Energien lenkst, dann hast du erstens sehr viel zu lachen, und zweitens ist es dieses Lachen, das die Erweiterung bringt, und du wirst mit Leichtigkeit durch diese Tür kommen, um in das Nebenzimmer zu gehen.

Sobald du eine Erwartung hast, bist du nicht im Jetzt. Jede Erwartung ist auf ein zukünftiges Ereignis ausge-

richtet, dadurch bringt sie dich aus deinem Sein. Erkenne, dass auch das, was du mit positiver Erwartung meinst, etwas ist, das du dir etwas wünschst oder manifestieren möchtest. Wenn du im Sein bist, hast du keine Spanne zwischen Manifestation und Umsetzung, und deswegen bedarf es auch keiner Zeit des freudigen Darauf-Wartens. Wenn du im Sein einen Impuls hast, dann hältst du ihn in deinen Händen oder er ist in deinem Sein, je nachdem, in welcher Form der Impuls ist. Doch auch durch eine freudige Erwartung schränkst du dich auf eine bestimmte Form ein, auf die du dich freust.

Eine Überfülle an Mangel ist kompatibel mit dem Begriff der Erwartung. Je mehr Erwartungen du aufbaust oder an dich herangetragen werden, desto mehr füllst du dich mit der Fülle des Mangels. Die Matrix funktioniert wie folgt: Sie erzeugt künstlich einen Mangel, und man versucht dann, der Erfüllung dieses Mangels hinterherzujagen. Du erfüllst damit nicht die Erfüllung, sondern die Erfüllung des Mangels. Und das kann man nicht erfüllen, du bist wie ein Hamster im Rad: du glaubst, dass du dich fortbewegst, aber du drehst dich immer auf der Stelle. Du bist ständig in Bewegung und verausgabst dich völlig, aber gleichzeitig bleibst du auf der Stelle stehen. Genauso ist es, wie oben gesagt, mit unseren Genen, sie entwickeln sich und mutieren und entwickeln sich weiter, jedoch bleiben sie im Grunde auf derselben Stelle stehen.

Erwartungen sind der Feind jeder spirituellen Entwicklung! Es geht nicht um Er-warten, es geht um Sein.

I am, what I Am.
Ich Bin, das Ich Bin.
JETZT!

Ich war es immer und werde es immer sein. Und das ist gut so, darauf brauche ich nicht zu warten, und wenn ich das verinnerliche, ent-wickle ich mich von ganz alleine aus den Irrungen und Verwirrungen der Matrix, denn dadurch steige ich aus dem Spiel aus.

Wenn ich sage, ich erwarte von meinem Leben, in eine Jeans mit der Größe achtunddreißig zu passen, kann ich mich ständig dieser Erwartung hingeben und alles Mögliche und vielleicht Unmögliche tun, damit ich das irgendwann schaffe. Wenn ich es dann irgendwann erreicht habe, befriedigt es mich nicht wirklich, denn dann kommt die Größe sechsunddreißig, und das Spiel beginnt von neuem. Das ist der Punkt bei allen Erwartungen. Zufrieden sein mit vierzig, noch besser Im-Frieden-Sein mit vierzig oder vierundvierzig, und das ist „nur" eine Entscheidung, ein willentlicher Akt des Mentalfeldes mit weit reichenden Auswirkungen.

Ein Mensch erwartet immer etwas vom Leben, von einem Seminar oder einer Reise, er ist immer auf der Suche nach irgendetwas. Er kommt somit nie an das Ziel, und es entsteht eine immerwährende Frustration und Unzufriedenheit. Dadurch wird die Frustration zum Lebensziel! Weil du es nicht anders gewöhnt bist und permanent Frustration suchst, richtet sich das gesamte System darauf aus, wird so gepolt. Und so erschafft sich dieses unheilige

Spiel. Und das ist wiederum die Pervertierung der Christuskraft, du bleibst in dieser Schlaufe hängen, und dann kommen so Sachen wie: „Ich bin nicht beziehungsfähig“; „ich kann dieses und jenes nicht“, und die Energie, die dahinter steht, reißt uns in den Abgrund. Das ist genau das, was Karon wollte, wir bleiben in dieser ewigen Suche, in diesem permanent Nicht-erfüllt-sein drin und drehen uns im Kreis, laufen auf der Stelle, obwohl das keiner von uns möchte. Es wäre sinnvoll zu sagen, wir gehen jetzt aus diesem Kreis heraus, indem wir einmal bewusst beschließen: Ich suche jetzt nicht mehr. Und diesen Beschluss immer wieder erneuern, wenn wir in alte Gewohnheiten verfallen.

Die Gefahr dabei ist, dass du spätestens nach vier Wochen unzufrieden bist, weil du nicht mehr suchst und dein irregeleitetes Lebensziel nicht mehr verspürst. Dann würde das ganze Spiel von vorne beginnen, dieses ewige Unzufrieden-sein und Erwartung-für-Erwartung-leben. Das ist es, was Elyah als permanente Krankheit bezeichnet, als Krebs der Seele.

Ich erwarte von dir, dass du das und jenes für mich tust. Und dann beobachte ich, ob und wie du meine Erwartung erfüllst. Aber mein Gegenüber ist doch nicht dazu da, meine Erwartungen zu erfüllen! Hier wirst du manipuliert, und wenn du versuchst, diese Erwartung zu erfüllen, manipulierst du ebenfalls, nämlich: nimmt er es an, oder nicht?

Dadurch setze ich der Erwartung noch eine Ebene drauf, und so spielt sich dieses Spiel der Erwartung und

Manipulation hin und her, und damit höher und höher. Das ist in Beziehungen und überall dasselbe. Und aus diesem Spiel müssen wir herausgehen! Nur, unser emotionales Feld sagt uns, es muss doch ein Sinn dahinter sein, Erkenntnis dahinter stecken, noch mehr geben, noch schöner, noch weiter, noch besser und sofort. Nein, das gibt es nicht. Das Sein ist der Sinn, jedoch die permanente Erwartung nimmt mir die Glückseligkeit des Seins. Ich kann nicht im Frieden sein, es gibt immer noch ein schöneres Auto, eine schönere Wohnung, einen schöneren Mann oder eine tollere Frau.

Doch wer von uns, und ich nehme mich da nicht aus, möchte das schon hören, möchte das wirklich verstehen, verinnerlichen und umsetzen? Es ist sicherlich nicht schwierig, dennoch, was ist von dem vorhin Gesagten hängen geblieben, was ist vom Erkennen in das Begreifen und Umsetzen gelangt? Ich möchte niemanden vor den Kopf stoßen, doch das wollen wir nicht gerne hören, und so sickert es auch nur sehr schwer in uns ein oder wir überlesen es einfach mit Hilfe unserer selektiven Wahrnehmung (und hier funktioniert die Wahrnehmung auch wunderbar!).

Jeder von uns kennt Beispiele des Mangels in seiner Umgebung, jedoch so, wie es bei diesen Menschen läuft, geschieht es auch bei uns, vielleicht in einer etwas abgewandelten Form und vielleicht mit anderen Themen, doch das Prinzip ist genau dasselbe und das Ergebnis auch. Und jetzt bin ich beleidigt und kann solange darauf warten, bis etwas geschieht. Oder ich kann es anders machen und nicht nach meiner Erwartung gehen, sondern danach, wie es ist. Und damit im Frieden sein, denn damit gebe ich mir die Chance nach Evolution. Ich erlaube meiner Ressource, und die hat jeder in sich, jetzt im Frieden in mir zu sein. Ich erlaube, dass sie sich aus einem Gefühl des Friedens heraus entwickeln kann und nicht aus dem Mangel geboren ist, denn der verhindert Entwicklung und Entfaltung.

Im Frieden mit etwas zu sein ist ein mentaler Schritt. Es ist ein Ent-schluss der Erwartung. Zweifel und Mangel schließt, und die dazugehörende Emotion folgt hinterher, und zuletzt auch der physische Körper, der die entsprechende Energie vom Mental- und Emotionalfeld erhält. Wenn ich denke: „Oh mein Gott, alles ist im Argen, weil ich nicht hellsichtig bin", zieht mein Emotionalfeld nach, und auch der Körper schließt sich diesem Gedanken an.

Umgekehrt funktioniert es jedoch genauso, in der positiven Sequenz. Ich weiß, dass ich ein spirituelles Wesen bin, das sich in einem menschlichen Körper inkarniert hat. Ich weiß, dass ich hellsichtig bin, in der Fülle meiner Fähigkeiten und Talente bin, oder in der Fülle aller Energien von Gaia und den anderen Sternenkräften bin. Also ziehen das Emotionalfeld und der Körper irgendwann nach. Das kann eine Durststrecke sein, doch der Durst und der Hunger werden im Übermaß gestillt werden.

Elyah ermahnt uns immer wieder, zu erkennen, zu begreifen, und damit auch zu erfahren. Begreifen und erfahren sind im Grunde dasselbe, denn wenn ich etwas be-greife, habe ich eine Erfahrung. Die meisten von uns erkennen auch viele Zusammenhänge und Sachverhalte, erlauben sich jedoch nicht, sie umzusetzen.

Der Dreh und Angelpunkt sind hier wieder die Erwartungen. Du bringst den gesamten Umfang deiner Möglichkeiten in deine Inkarnation mit, dein Blick wird jedoch künstlich durch Sozialisierung, Glaubenssätze und Ähnliches verstellt oder vernebelt. Elyahs und Kiria Devas Weg ist es hier, dem Ganzen eine Brille aufzusetzen, dass du nämlich die Möglichkeiten siehst und erkennst und sie nicht erwartest, sondern weißt, dass du sie bereits hast. Die Folge ist, dass du sie dann auch einsetzt und benutzt. Der Atlantische Schlüssel, die Sternensteinessenzen oder andere Mittel sind nur Medien dazu, eben die Brille, um zu sehen und zu erkennen, und das birgt die Erfahrung in sich.

Wenn du dich aufgrund deines freien Willens jetzt von einer Klippe stürzen möchtest und sagen würdest, ich fliege jetzt nach Afrika, weil sich Millionen von Störchen ja nicht irren können, würdest du das können. Nur dein Verstand sagt, du kannst es nicht, der ist die oberste Instanz, du schlägst unten auf und bist wahrscheinlich tot. Und weil Tausende von Menschen vor dir diese Erfahrung gemacht haben, muss es so sein. Also wirst auch du sie machen. Das sind die Gesetze und Ketten der Glaubenssätze.

Alle diese Sequenzen und Vorgehensweisen sind immer gleich, die gedanklichen und emotionalen Abläufe sind bei allen Problemen immer dieselben. Wir können diese nur durch das eigene Erfahren durchbrechen.

Und in einer Erwartung zu sein, bringt uns immer wieder in die Erfahrung, dass wir uns denselben Mist wie zuvor kreieren, und daraus ziehen wir dann unsere Rückschlüsse. Aus dieser permanenten Kreation von „Ich Bin nicht beziehungsfähig“, Ich Bin im Mangel“, und so fort ziehen wir immer die gleichen Schlussfolgerungen, und wenn wir diese dann wieder gezogen haben, erfolgt die Schlussfolgerung: Siehst du, das Leben ist so! Die Spur der Erfahrung, die Vorgabe des Morphogenetischen Feldes wird verfestigt und nachgezogen, dann wird daraus ein Gesetz gemacht, und dieses gilt selbstverständlich für alle Menschen!

Das sind Gedanken, die wir Menschen nicht hören wollen. Wir wollen hören: Ja, du bist bedürftig, und ich hole dich da heraus, ich weiß einen Weg, ich erfülle deinen Mangel, ich übernehme Verantwortung für dich und trage einen Teil deiner Last. Dann sind wir zufrieden! Doch sei dir bewusst und sei gefasst, dann kommt die nächste Bedürftigkeit, die nächste Ebene, und das Spiel beginnt von vorne. Das möchte ein Teil der Menschen, ein Teil unseres Seins.

Eine andere Ebene von uns möchte da jedoch heraus, auch wenn es im Moment unangenehm ist, möchte sie in die Freiheit!

Elyah fragt uns:

Wollt ihr wirklich die Matrix verlassen, oder nur zeitweise, wenn es euch gerade in den Kram passt?

Lasst uns aus der Erwartung in die Hoffnung gehen, denn Hoffnung ist etwas anderes: Es bedeutet, sich voller Freude dem Sein zu öffnen und dieses Sein immer mehr zu verwirklichen. Es heißt, die Kraft des Seienden und des Seins immer mehr in sich zu spüren, immer mehr aufzumachen, bis man sich in allem erkennt und ergießt.

☆☆☆☆☆

Danksagung

Als erstes möchte ich mich bei Mama Gaia bedanken, dass sie ihre Energien mit mir in so viel Liebe und Geduld teilt und sie mir zur Verfügung stellt.

- Ihre Materie, die dichteste Form der Energie, die mich mit jedem Atemzug nährt und in den Austausch mit ihr bringt.
- Die Nahrung, mit der ich meinen Körper jeden Tag aufs Neue in Verbindung mit ihr bringe und die den Aufbau meines physischen Systems ermöglicht.
- Das Wasser, das alles in mir im Fließen erhält und einen Wechsel an Aufnahme und Abgabe am Leben .
- Ihre feinstofflichen Ebenen, mit denen ich mit meinen Mitmenschen und auch mit Gaia selbst in ständiger Verbindung stehe:
  - Über die Ebene der Emotionen, die ein gemeinsames Feld für uns alle darstellt, durch das wir Mutter Erde Freude und Dankbarkeit für all ihre Erschaffungen zurückgeben können und über das ich meinen Mitmenschen Liebe und Heilung, Anerkennung und Achtung zuteil kommen lassen kann.
  - Über das Morphogenetische Feld, das mir den Zugang zu allen Erfahrungen und jedem Wissen auf unserem Planeten ermöglicht, zu den freudvollen und auch zu den leidvollen, und mir über diesen Zugang die Möglichkeit einer Linderung und Heilung gewährt.

- Und schließlich noch über die spirituelle Ebene, die mich mit den Ebenen der Seelenqualität meiner Mutter Erde in Verbindung bringt und mich hier erkennen lässt, ich bin genährt und geliebt, verbunden und getragen; auf einer Ebene als Sternenwesen, das wir beide sind.

Diesen Dank möchte ich auch für alle meine Mitmenschen aussprechen, auch wenn sie sich manchmal von Mutter Erde nicht verstanden oder nicht geliebt fühlen.

Ich bedanke mich bei meiner Lebensgefährtin für ihre Liebe und ihre Im-pulse ins Leben, bei meinen Kindern, die mir immer wieder die Augen weiten und für Neues öffnen.

Mein Dank richtet sich auch an Michael Grauer-Brecht und Ava Minatti, die durch ihren Kanal zur Geistigen Welt einen wichtigen Beitrag für dieses Buch geleistet haben, und natürlich auch an Kiria Deva und Elyah, die uns ihr Wissen und ihren Weitblick so liebevoll und einfühlsam zur Verfügung stellen.

Und ich sende auch dir meinen Dank dafür, dass du Interesse für diese Impulse aufgebracht und bis hier durchgehalten hast, und hoffe, dass Freude und Leichtigkeit, Erkenntnis und Weitsicht deinen weiteren Weg mit dir teilen.

Und zum Schluss, und dennoch vor allem, meinen Dank an Mara Ordemann und ihr Dreamteam, die durch ihr Vertrauen und ihre Geduld einen Hauptanteil geleistet haben, dass ihr dieses Buch in den Händen halten könnt.

Mögen die Liebe und die Gnade allzeit mit uns sein!

Kontaktadressen:

(Kiria Deva Kristalle, Atlantischer Schlüssel)
Bezug Österreich:
Lichtgarten, Antan Minatti
Dr.-Glatz-Strasse 27
A – 6020 Innsbruck
Email: lichtgarten@lichtgarten.com

(Kiria Deva Kristalle, Atlantischer Schlüssel)
Bezug Deutschland/Schweiz:
Blaue Lichtburg
Seminare und Vertrieb
In der Steubach 1
57614 Woldert
Tel. 02684.978808
Fax: 02684.978805
Email: info@blaue-lichtburg.de
www.blaue-lichtburg.de

Michael Grauer Brecht
Mönchsbergstrasse 67
D – 70439 Stuttgart
Email: michael@elyah.net

Ava Minatti
Rinnerstrasse 233
A – 6073 Sistrans
Email: ava.minatti@utanet.at

Nachrichten für die Neue Zeit

Liebe Leserinnen und Leser,

wir freuen uns, Ihnen einen neuen Service des Smaragd Verlags anbieten zu können:

Auf unserer Internetseite www.smaragd-verlag.de finden Sie *Nachrichten für die Neue Zeit*, die so wichtig sind, dass sie nicht warten können, bis ein neues Buch erscheint.

Dazu gehören:

- Gechannelte Texte aus der Geistigen Welt zu wichtigen Ereignissen oder Themen;
- Neue Begriffe, die als Folge von Durchsagen aus der Geistigen Welt für das Verständnis dessen, was zur Zeit geschieht, wichtig sind;
- Nachträge zum Lexikon für die Neue Zeit (1. Auflage erschienen im Juni 2005);
- Hinweise auf Meditationstermine;
- Hinweise auf Seminare und ihre Themen;
- Weitere wichtige Informationen für die Neue Zeit.

Diese Seite im Internet wird nach Bedarf regelmäßig aktualisiert.

Sollten Sie kein Internet haben, werden wir Ihnen gerne die Nachrichten per Fax oder per Post zukommen lassen.

Antan Minatti
Kiria Deva und das Kristallwissen von Atlantis
169 Seiten broschiert, ISBN 3-934254-34-9

Kiria Deva, eine Kristallwesenheit, hat sich bereit erklärt, die schwere Bürde des Machtmiss-brauchs und Untergangs, die auf dem Begriff Atlantis liegt, mit ihrer Schwingung zu heilen. Dieses Buch richtet sich daher an alle, die sich auf dem Weg des Heilwerdens befinden und bei der Mitgestaltung des Neuen Zeitalters aktiv mithelfen wollen. Viele einfache Übungen und Anregungen begleiten uns mit gechannelten Texten und Informationen zu Kristallen, fünfdimensionalen Farben und anderen Themen und helfen uns, Verbindungen und Heilung herzustellen mit Teilen unseres Selbst, mit dem Reich der Pflanzen und Tiere, mit dem Reich des Blauen Volkes, mit Wesen der Inneren Erde und dem Bewusstsein von Mutter Gaia.!

Antan Minatti
Kristallwissen – Der Schlüssel von Atlantis
296 Seiten, A5, broschiert, ISBN 3-934254-62-4

Die eigentlichen Autoren dieses Buches sind die atlantische Kristallwesenheit Kiria Deva und Elyah, eine Wesenheit von Kassiopeia. Sie führen uns zurück nach Atlantis und möchten unsere Erinnerung an das Bewusstsein dieser Zeit, an Verbindungen zu Sternenenergien und noch vieles mehr wecken und zeigen uns die Illusion der Dritten Dimension, beschreiben, wie und warum sie errichtet und erhalten wird, und geben Hilfestellung, diese zu erkennen und zu durchlichten. Viele Zusammenhänge zwi-schen Körper-ebenen und den feinstofflichen Ebenen unseres Seins werden erklärt und in Beziehung zu den Kristallschichten, den Turmalinebenen und den Transpondern gebracht. Es ist die Fortführung und Erweiterung von Kiria Deva und das Kristallwissen von Atlantis, und dennoch erst der Beginn einer Reise in unsere Vergangenheit und Zukunft.

Ava Minatti
Engel helfen heilen - Lass deine Flügel wieder wachsen
400 Seiten, A 5, broschiert, ISBN 3-938489-06-5

Viele der uns vertrauten Engel sprechen zu den unterschiedlichsten Themen: So laden uns Raphael, Uriel, Gabriel und Michael in ihren Botschaften ein, uns mit den vier Elementen Erde, Feuer, Luft und Wasser auszusöhnen. Metatron spricht über die Liebe, und Melchisedek über die Weisheit, während uns Ariel hilft, unser inneres göttliches Licht zu erkennen und strahlen zu lassen. Chamuel befasst sich mit dem Thema „Partnerschaft in der Neuen Zeit" und Zadkiel mit der Kraft der Transformation und dem Licht der Gnade. Eine Begegnung mit unserem Schutzengel wartet auf uns ebenso wie unser Mond- und unser Sonnenengel. Wie immer, wenn wir sie darum bitten, helfen uns die Engel dabei, die momentanen Veränderungen zu verstehen und in unserer Mitte zu bleiben, was auch immer geschieht. Mit wunderschönen Meditationen und Durchsagen von der Engelebene.

Ava Minatti

Wir kommen von den Sternen

Begegnungen mit den Geschwistern von der Venus

280 Seiten, broschiert, ISBN 3-934254-85-3

Jeder Mensch ist ein Sterngeborener und trägt dieses Erbe in seiner DNS. In der jetzigen Zeit erwacht das tiefe Wissen darüber als Sehnsucht in uns, nach mehr Austausch zu Sternenenergien, -völkern und -rassen. Das ist ein Grund für die vermehrten Begegnungen mit unseren Sternengeschwistern und kosmischen Eltern. Sternenwesen der spirituellen Venus und Aufgestiegene Meister erklären, wie leicht der Kontakt mit anderen Wesen ist und bereiten darauf vor. In den Meditationen und Botschaften laden unsere feinstofflichen Geschwister zu einer Heilung des Emotionalkörpers ein, und so sind wir alle liebevoll von der Energie des Angenommenseins, der Wärme und der Geborgenheit der spirituellen Venus begleitet..

Ava Minatti

Die Kinder der Neuen Zeit

Strahlende Funken des Lichts

196 Seiten, broschiert, ISBN 3-934254-23-3

Immer mehr Kinder werden weltweit geboren, die bereits mit einem neuen Bewusstsein zur Welt kommen und somit Ver-haltensweisen an den Tag legen, die „anders“ sind. Ava Minat-ti, selbst Mutter von zwei “neuen” Kindern, erzählt von ihren persönlichen Erfahrungen in der Schwangerschaft, bei der Geburt und im Alltag mit diesen Kindern und bietet viele prak-tische Anregungen, Übungen und Meditationen. Mit Botschaf-ten aus der geistigen Welt, u.a. von Engeln und des Aufge-stiegenen Meisters Hilarion.

Mara Ordemann

Lexikon für die Neue Zeit

176 Seiten, gebunden, mit Lesebändchen

ISBN 3-934254-92-6

Von 2012, Aufstieg oder die fünf neuen Chakren, über Indigo-, Kristall und Regenbogen- Kinder , Lichtkörperprozess, Toröffnung, Weiße Bruderschaft bis Zentralsonne werden klar und verständlich Begriffe erklärt, die für die stetig wachsende Zahl von Menschen, die sich für spirituelle Themen interessieren, unverzichtbar sind und ein wichtiges Hintergrundwissen darstellen.

Wer oder was ist die Weiße Bruderschaft, wer oder was sind Aufgestiegene Meister, (u.a. Sananda, El Morya, Sanat Kumara), wer ist KRYON? Was sind ihre Aufgaben, und was hat es mit Channeling oder den zwölf göttlichen Strahlen auf sich.

Also kein übliches Esoterik-Lexikon, sondern ein Ratgeber aus kompetenter Hand, mit dem das Verständnis für die Neue Zeit immens erleichtert wird.

Das „Who is Who“ der Geistigen Welt!

Claire Avalon

Atlantis - Begegnungen mit den Wächtern von Eden

Arbeitsbuch 1 - 3

280 Seiten, geb., ISBN 3-934254-73-X (Buch 1)
296 Seiten, geb., ISBN 3-934254-87-X (Buch 2)
320 Seiten, geb., ISBN 3-938489-15-4 (Buch 3)

Diese Arbeitsbücher sind die praktische Umsetzung von „Die zwölf göttlichen Strah-len", in dem jeweils drei Strahlen behandelt werden. Einfühlsame Texte und tiefgehende Meditationen der einzelnen Priester führen uns zurück nach Atlantis, wo wir frühere Aufgaben, Talente oder Tätigkeiten anschauen und die Erkenntnisse in den Alltag mitnehmen können. Die Priester richten sich liebevoll und in einer für sie verständlichen Sprache an Kinder ab etwa 10 Jahren, die hier Hilfe für sich und ihre Probleme finden, was dieses Buch so besonders macht. Ein wichtiges Buch für jeden und eine wunderbare Hilfe für spirituell aufgeschlossene Eltern, Erzieher und Lehrer.

Ines Witte-Henriksen

Einweihung in die türkise Flamme von Atlantis

144 Seiten, broschiert, ISBN 3-934254-74-8

Aus der Blütezeit von Atlantis bringt uns die Engelwesenheit Amai das Geschenk der türkisen Flamme. Der türkisfarbene Strahl ist eine Engelenergie, die zusätzlich zu den zwölf göttlichen Strahlen den türkisen Farbstrahl zur Verfügung gestellt wird, um uns direkt in die Neue Energie zu tragen. Mit Sanftheit und Güte führt Amai uns zu unseren atlantischen Wurzeln, damit wir uns erinnern und unser Potenzial von damals wieder nutzen können. Mit wunderschönen Channelings, einfühlsamen Meditationen, Gebeten und Einweihungen..

Patrizia Pfister

Das Regenbogenzeitalter – Die Menschheit erwacht

480 Seiten, Großformat, gebunden, mit Lesebändchen
ISBN 3-934254-94-2

Dieses Buch enthält eine Fülle brandneuer Informationen für das 21. Jahrhundert, die die Autorin durch die Vertreter und Lenker der 12 göttlichen Strahlen erhielt - (darunter El Morya, Lady Rowena, Serapis Bey, Hilarion, Mutter Maria, St. Germain, Maha Cohan, Sananda, Kuthumi), ebenso wie von Erzengel Michael, Metatron, KRYON u.a. zu den Vorgängen, die sich mit dem Begriff „Aufstieg" zusammenfassen lassen.
Dazu gehören hochinteressante Durchsagen zu den fünf neuen Chakren und viele praktische Übungen und Anleitungen, wie sich der Lichtkörperprozess aktiv unterstützen lässt.
Das Regenbogenzeitalter ist ein Zeitalter der Farben und der Veränderung, das hier erstmalig detailliert beschrieben wird.
Dieses Buch richtet sich an jeden Menschen, der sich weiterentwickeln will.